国际儒学联合会资助出版

典亮世界丛书

《道法自然　天人合一》，彭富春　编著

《天下为公　大同世界》，干春松、宫志翀　编著

《自强不息　厚德载物》，温海明　主编

《民惟邦本　本固邦宁》，颜炳罡　编著

《为政以德　政者正也》，姚新中、秦彤阳　编著

《革故鼎新　与时俱进》，田辰山、赵延风　编著

《脚踏实地　实事求是》，杜保瑞　编著

《经世致用　知行合一》，康　震　主编

《集思广益　博施众利》，章伟文　编著

《仁者爱人　以德立人》，李存山　编著

《以诚待人　讲信修睦》，欧阳祯人　编著

《清廉从政　勤勉奉公》，罗安宪　编著

《俭约自守　力戒奢华》，秦彦士　编著

《求同存异　和而不同》，丁四新　等　编著

《安不忘危　居安思危》，吴根友、刘思源　编著

國際儒學聯合會·典亮世界丛书

经世致用
知行合一

康震　主编

向铁生 徐 波 张 华 周云磊 编著

人民出版社

出　版　说　明

2014 年 9 月 24 日，习近平主席在纪念孔子诞辰 2565 周年国际学术研讨会暨国际儒学联合会第五届会员大会开幕会上的讲话中，提出了包括儒家思想在内的中国优秀传统文化中蕴藏着解决当代人类面临的难题的重要启示："关于道法自然、天人合一的思想，关于天下为公、大同世界的思想，关于自强不息、厚德载物的思想，关于以民为本、安民富民乐民的思想，关于为政以德、政者正也的思想，关于苟日新日日新又日新、革故鼎新、与时俱进的思想，关于脚踏实地、实事求是的思想，关于经世致用、知行合一、躬行实践的思想，关于集思广益、博施众利、群策群力的思想，关于仁者爱人、以德立人的思想，关于以诚待人、讲信修睦的思想，关于清廉从政、勤勉奉公的思想，关于俭约自守、力戒奢华的思想，关于中和、泰和、求同存异、和而不同、和谐相处的思想，关于安不忘危、存不忘亡、治不忘乱、居安思危的思想，等等。"习近平主席的重要讲话高屋建瓴，视野宏大，思想深邃，深刻阐明了中华优秀传统文化为人们认识和改造世界提供的有益启迪，为治国理政提供的有益启示，为道德建设提供的有益启发，对传承弘扬中华优秀传统文化具有长远的根本的指导意义。

为把学习贯彻落实习近平主席这一重要讲话精神进一步引向

深入，国际儒学联合会与人民出版社共同策划了"典亮世界丛书"。丛书面向对中华文化感兴趣的海内外读者，以习近平新时代中国特色社会主义思想为指导，结合新时代中国的治国理政实践，由在中华传统文化领域深耕多年的学者担纲编写，从浩如烟海的中华典籍中精选与这十五个重要启示密切相关的典文，对其进行节选、注释、翻译和解析，赋予其新的涵义，以帮助读者更好地理解中华优秀传统文化之于当代中国的价值，为解决当代人类面临的难题提供中国方案，让中国优秀传统文化同世界各国优秀文化一道造福人类！

我们应秉持历史照鉴未来的理念，传承创新包括儒学在内的中华传统文化，把那些跨越时空、超越国度、具有当代价值的文化精神弘扬起来，倡导求同存异，消弭隔阂，增进互信，促进文明和谐共生，弘扬和平、发展、公平、正义、民主、自由的全人类共同价值，为共创后疫情时代美好世界、推动构建人类命运共同体而努力。

国际儒学联合会、人民出版社

2022 年 4 月

目　录

引　言　　　　　　　　　　　　　　　　_ 1

第一篇　经世　　　　　　　　　　　　_ 7

第二篇　致用　　　　　　　　　　　　_ 75

第三篇　知行　　　　　　　　　　　　_ 141

引　言

　　中华文明五千年，留下了汗牛充栋的著作。在历朝历代的浩瀚典籍中，撷取若干的关键语句，是走进、了解、感悟中华优秀传统文化的一条便捷途径。中国古代培养士大夫，特别突出以天下为己任的责任感。《礼记·大学》中强调了"格物、致知、正心、诚意"的内圣之道，以及"修身、齐家、治国、平天下"的外王之道。孔子重视"仁"，强调"夫仁者，己欲立而立人，己欲达而达人"。君主首先成为"仁人"，进而方能行王道，方能具备众星拱北辰一般的"为政之德"。

　　在培养人的问题上，不学无以成人。围绕学习求知的目的与功能、学习与实践的关系这一重大问题，"经世致用、知行合一"八个字，足以概括先贤在为学做事方面的基本态度。经世致用、知行合一的思想，一般认为定型于明末清初的王阳明、顾炎武、黄宗羲等人。究其根源则远在诸子百家时期甚至更早的文献当中已有源头，并且随着历史的发展在认识上呈现不断深化的趋势。直到今天，经世致用、知行合一仍在当代实践中不断发展深化。

一

　　经世致用是中华优秀传统文化中的重要内容，"经世"一词最早的出处可以上溯到《庄子·齐物论》："春秋经世，先王之志，圣人议而不辩。"其中蕴含的重要内容就是所谓经世，就是要为社会生活，建立起一整套的规则、制度、秩序和价值体系，为治国理政、国家发展打下良好的基础。这与"致用"存在内涵上的紧密关联。中国古代治学求学，一个核心的旨趣是强调"务实"，不以高妙玄虚的空谈为美，而是始终强调学以致用，带有明显的问题导向和结果导向，恰如章学诚所说"古人未尝离事而言理"。

经世致用的思想贯穿于浩瀚典籍中，从《周易》中的"观乎人文，以化成天下"，到顾炎武所说"君子之为学，以明道也，以救世也"，始终强调为学对国家和社会的功用。在此基础上，历代士大夫都强调家国天下的指向，曹植所作"捐躯赴国难，视死忽如归"、杜甫笔下的"致君尧舜上，再使风俗淳"，共同诉说着身以报国、学以报国的人生追求。学问来源于生活实践，《红楼梦》中"世事洞明皆学问，人情练达即文章"也是此理。自古以来，为学尚实、做事务实铺就了中国人自信、自强、自立的文化底色。

中国历史上朝代更迭不断，往往在王朝的末期，陷入复杂的困境之中，往往伴随着思想界、学界的虚空风气。顾炎武在《日知录》写道："以明心见性之空言，代修己治人之实学，股惰而万事荒，爪牙亡而四国乱，神州荡覆，宗社丘墟。"在他对明朝倾覆问题的思考中，学人不务实而专务虚是一大弊害。

毛泽东青年时期求学于湖南第一师范学院，当时他深受"经世致用"思想的影响，反对"华而不实"和虚空无物的学问。在革命实践、积累过程中，毛泽东始终重视一切从实际出发，强调实事求是，他曾在《改造我们的学习》中，用"墙上芦苇头重脚轻根底浅，山间竹笋嘴尖皮厚腹中空"为脱离实际的一批人画像。他对实事求是做出了精准解释："实事"就是客观存在着的一切事物，"是"就是客观事物的内部联系，即规律性，"求"就是我们去研究。毛泽东在1943年把"实事求是"题写在中央党校的礼堂里，后来成为中央党校的校训。

二

知与行的关系中国思想家很早就关注的内容，如老子重视知为先导，在《道德经》中说"不出户，知天下；不窥牖，见天道"，老子还重视行是求道的关键，"上士闻道，勤而行之；中士闻道，若存若亡；下士闻道，大笑之。不笑不足以为道。"类似强调知先行后、知易行难的说法，在《尚书》中有"知之非难，行之惟难"。孔子同样重视行的重要性，强调君子要"讷于言、敏于行"，《论语》开篇以"学而时习之，不亦说乎"为首，体现着对"习"也就是实践、练习的关注。种种说法，体现出思想家们对知行关系的理解，他们认为改造世界的关键在于实践，实践是更为重要的环节。

进入宋代，程颢、程颐、朱熹等人将知行关系的讨论进一步发展为知行并重，朱熹说"论先后，知为先，论轻重，行为重"，在两者相互关系上提出"知之愈明，则行之愈笃，行之愈笃，则知之愈明，二者皆不可偏废"。这一时期，朱熹等理学家重视知先行后，但更重视两者之间的关系，提出"知行相须"，在这个过程中，朱熹对"穷理致知""躬行实践"极为重视，以此两者为认识和实践的指引，从而将知与行统一起来。朱熹的知行观建立在"理"的基础上，后来明代的王阳明提出知行合一，反对此前划分轻重的倾向，在知行关系的认识上不断深化。

王阳明主张向内用力，在心的世界里让知与行得以统一起来，从认识的角度来说"知者行之始，行者知之成"，而且两者关系密不可分，"知之真切笃实处，即是行。行之明觉精察处，即是知"。阳明心学体系里的知行观，也存在一定的脱离实践倾向，更强调在道德层面上和内心世界里的知行合一，对外在世界的格物之知少了一些关注。因此，他的知行观在清初也遭到王夫之等人的批评。进入清代以后，思想界出现了新的变化，顾炎武、黄宗羲、王夫之等一批思想家，更加重视以天下之法取代皇帝的一家之法，强调每个人的家国责任，提出"天下兴亡，匹夫有责"，推动了清代朴学的朴实学风。

<h2 style="text-align:center">三</h2>

关于经世致用、知行合一的重要思考，曾经激励着一代代学子勤于学习，为国奉献。尤其在中国历史进入近代以来，面对国家蒙辱、人民蒙难、文明蒙尘的危险局面，重视经世致用，强调知行合一的思想，激励着一大批志士仁人不断求索。从曾国藩、李鸿章到康有为、梁启超，再到民主先驱孙中山，特别是毛泽东等中国共产党的领袖们身上有着集中的体现。在地球已成为地球村的今天，中国致力于推动构建人类命运共同体，强调世界人民团结起来，其中亦蕴含着经世致用、知行合一的新格局。

在不断地理论研究与实践探索的基础上，毛泽东在 1937 年写作了《实践论》，专题论述认识与实践的关系，也就是知与行的关系。在《实践论》收尾的时候，他总结道："通过实践而发现真理，又通过实践而证实真理和发展真理。从感性认识而能动地发展到理性认识，又从理性认识而能动地指导革命实践，改造主观世界和客观世界。实践、认识、再实践、再认识，这种形式，循环往复以至无穷，而实践和认识之每一循环的内容，都比较地进到了高一级的程度。这就是辩证唯物论的全部认识论，这就是辩证唯物论的知行统一观。"相较于此前的种种知行观的论述，辩证唯物论的知行统一观在前人强调知行合一的基础上，又有了更新的认识。

纵观中国革命、建设、改革到今天走入新时代的历史，从早期基于中国实际出发制定出农村包围城市的路线，到改革开放初期强调"实践是检验真理的唯一标准"，再到发展习近平新时代中国特色社会主义思想，这条主线一以贯之。党的十九大报告中指出："中国共产党从成立之日起，既是中国先进文化的积极引领者和践行者，又是中华优秀传统文化的忠实传承者和弘扬者"。而当我们把视线投向《中国共产党章程》，其中明确写道："党的思想路线是一切从实际出发，理论联系实际，实事求是，在实践中检验真理和发展真理。"中华优秀传统文化中"经世致用、知行合一"的影子清晰可见。

经世致用、知行合一无论从思想源头还是从脉络上来看，都是一个比较复杂的命题，在长达两千多年的进程中，许多思想家、政治家、实践家都对这一领域有不同的贡献，关于它们的论述，也显得纷繁多样，难免有令人眼花缭乱之感。我们尝试从众多文献中，攫取部分熠熠闪光的片段，以它们为切入口，窥探思想的魅力。一代代先贤哲人对这一问题的论述和阐释，组成了中华文化的重要一脉，归结起来有一个共同特点，就是始终关注现实社会，关注秩序和规范，同时重视当下的问题，重视实践。为了方便理解，本书根据其内容大致分为"经世""致用""知行"三篇。

今后，在推动马克思主义基本原理同中国具体实际相结合、同中华优秀传统文化相结合的道路上，更好地学习和理解中华优秀传统文化中的若干重要思想是题中之意，也是我们在理论探索的道路上继续前进的必要途径。

第一篇

经 世

中华文化有强烈的现实观念，注重当下的社会问题，关心时代与人民。孔子积极进取的『入世哲学』，为后世学人树立了典范和楷模。面对礼乐崩坏的社会现状，孔子游历各国、讲学不辍，以身为木铎炬火，努力改变社会风气，淑世而化人。

从古至今，中华文化源远流长的脉络中，经世思想一以贯之，历代皆有榜样。从百家争鸣、唐宋大家到近代先贤，一代又一代志士仁人以兼济天下为己任，秉持修身齐家治国平天下的坚定信念，坚定地在这方华夏沃土创造繁荣兴盛的生活。

致君尧舜〔1〕上，再使风俗淳〔2〕。

——唐·杜甫《奉赠韦左丞丈二十二韵》

注释

〔1〕尧舜：唐尧与虞舜的并称，远古部落联盟的首领，古史传说中的圣明君主。

〔2〕淳：淳厚朴实。

译文

辅佐皇帝成为堪比尧舜的圣明之君，使社会风尚恢复到上古时的敦厚淳朴。

解析

杜甫（712—770），字子美，是唐代也是中国历史上最伟大的现实主义诗人，宋以后被尊为"诗圣"。他的诗歌以沉郁顿挫、语言凝练为主要风格。他大胆揭露社会矛盾，表达了对穷苦百姓的深切同情，记录了唐王朝由盛转衰的历史进程，因此也被称为"诗史"。

这首《奉赠韦左丞丈二十二韵》写于天宝七年（748），当时杜甫科举不第，困居长安，向尚书左丞韦济等人投诗，希望可以得到他们的提拔。这首"二十二韵"中，杜甫回顾自己年少的意气风发与现实的潦倒穷困，痛斥"野无遗贤"的荒唐，感谢韦济对自己的赏识与帮助，是杜甫最早、最明确地自叙生平和理想的重要作品。杜甫崇尚尧与舜，他们是传说中上古时期的明君，是理想社会的治理者。相传《南风歌》为舜所作："南风之薰兮，可以解吾民之愠兮。南风之时兮，可以阜吾民之财兮。"民本思想贯穿尧舜的统治，"致君尧舜上，再使风俗淳"，是在儒家积极入世思想影响下以杜甫为代表的中国古代文人的最高的政治理想。

杜甫和当时的士大夫一样，读书很大一部分原因是为了登科入仕，但他们所求不是高官厚禄、翻云覆雨，而是劝谏君王实行仁政、德政，用自身所学使政治清平、民生安乐。孔子曰："苟有用我者，期月而已可也，三年有成"，就是儒家这种积极入世精神的写照。杜甫之所以被称为诗圣、诗史，被赋予极高的地位，与他这种济世救民、以天下为己任的精神内核有密切关系。

世事洞明[1]皆学问，人情练达[2]即文章。

——清·曹雪芹《红楼梦》

注释

[1] 洞明：通晓、明了，此处意为透彻的理解。

[2] 练达：熟练、通达，阅历丰富，熟悉人情世故。

译文

弄通世间的实际事务，处处都有学问；摸透人情世故，处处都是文章。

解析

《红楼梦》是中国古代文学名著中的一座高峰，作者曹雪芹以高超的文学手法，构造了一个绚烂的世界，其中既有四大家族的兴衰，又有贾宝玉、林黛玉的爱情故事，内容极其丰富。书中有许多生活细节，无论是人物对话还是一举一动，往往都有着深厚的寓意，体现着作者对生活深刻的理解和精准的把握。《红楼梦》一书之所以能做到内容包罗万象、细节如此丰富，与曹雪芹的人生经历密不可分。他早年出身于名门，祖父曹寅曾担任康熙皇帝的伴读和御前侍卫，他成长于江南织造府，自小处在优渥的环境下，所以对戏曲、诗词、中医、茶道、美食等无一不精通。然而，幸福的生活并没过多久，曹雪芹十三四岁时家道骤然中落。他不得不和全家一起，不远千里从南京迁回北京。人生的大起大落，让曹雪芹对生活有了更加敏锐的感悟力。他在北京交游广泛，拓展了视野，人生最后阶段在京郊西山一带以惊人的毅力，对《红楼梦》一书"披阅十载，增删五次"。他在《红楼梦》一书的创作上，真可谓是"字字看来皆是血，十年辛苦不寻常"。

学问、文章都是书本教给我们的，但是，它们不仅仅来源于书本，如果只是固守书斋，不能将其化为生命体验的一部分，学问、文章终究是浅薄的。所以，真正的学问和文章都来源于我们对社会生活实践的真实体验。

洞明世事，必须具备丰富的知识储备和敏锐的观察能力，世事变幻莫测，但又有一定的规律，只要认真观察，用心揣摩，还是可以看出世事的本质。人是社会关系的总和，摸清人情世故，熟悉处理人际关系的规范，方能在复杂的社会关系中安身立命，因此人情往来也正是文章所要表达的内容。

每与人言，多询时务；每读书史，多求理道〔1〕。始知文章合〔2〕为时而著，歌诗合为事而作。

——唐·白居易《与元九书》

注释

〔1〕理道：治理国家的道理。

〔2〕合：应该。

译文

每逢与人谈话，多询问时政；每逢读书史，多探求治国之道。这才知道文章应该为时事而书写，诗歌应该为现实而创作。

解析

白居易（772—846），字乐天，是唐代伟大的现实主义诗人，与元稹共同倡导新乐府运动，世称"元白"。白居易活到74岁，这在唐代的众多诗人中属于长寿的，这或许与他"乐天知命"的性格有关系。元稹在家族中排行第九，两人是一生的挚友，诗文往来频繁。

白居易与元稹共同倡导新乐府运动，乐府诗的源头可以追溯到西汉。那时，朝廷设置乐府掌宫廷和朝会音乐，由乐府采集和创作的诗歌被称作"乐府诗"。乐府诗相当一部分采自民间，具有通俗易懂、反映现实和可以入乐几个特点，《孔雀东南飞》与《木兰辞》被称为"乐府双璧"。从乐府诗的来源可以看到，它与诗经有着相似的文脉，都有着官方"采诗""问俗"的传统，注重从诗歌从了

经世致用　知行合一

解民间疾苦，了解社会真实。

后世乐府诗也是文人作诗的一个重要类别，如李白《将进酒》。唐代把南北朝以前的乐府诗统称作古乐府，新乐府运动则是中唐的一场诗歌革新运动，新乐府诗用新题、写实事，反映了中唐时期极为广阔的社会生活面，从各个方面揭示了当时存在的社会矛盾，如白居易《秦中吟》十首、元稹的《田家词》《织妇词》等。新乐府运动主张恢复古代的采诗制度，发扬《诗经》和汉魏乐府讽喻时事的传统，使诗歌起到"补察时政""泄导人情"的作用。许多新乐府诗文辞质朴易懂，便于理解，如白居易的"离离原上草，一岁一枯荣"，街边的老婆婆都能听懂；同时又直截了当，切中时弊，提倡文章诗歌应当为君、为臣、为民、为物、为事而作，不为文而作，具有强烈的现实关照。白居易的精辟论述，延续了中国文学从《诗经》开始了现实主义传统，丰富了现实主义创作理论。

苟〔1〕利〔2〕国家，不求富贵。

——《礼记·儒行》

注释

〔1〕苟：如果、假如。

〔2〕利：有利于，使……有利。

译文

如果有利于国家，无须计较个人富贵。

解析

家国情怀，是中华优秀传统文化的重要组成部分。儒家倡导个人价值首先在于奉献，在于为国家承担应尽的责任与义务，相较于国家的利益来说，个人的富贵微不足道。这是一种伟大的传统，直到今天仍然在中华文化中熠熠生辉。

《礼记·儒行》全篇契合儒家学派的基本精神，尤其是对儒者性格和精神面貌进行了详尽而多样的描述，事实上也为后来的儒者、士人立下了可供参考学习的标杆。比如北宋时一个人如果考中进士，皇帝会赐给《儒行》这一篇，其中寄托着国家对于士大夫们的良好期望。北宋的这一传统，足以见证此篇对士大夫修身、做事等方面的典范地位。

在漫长的中国历史上，先后有多种类似的说法，如三国时期曹植的《白马篇》中有"捐躯赴国难，视死忽如归"，清代林则徐在诗句中写道"苟利国家生死以，岂因祸福避趋之？"都是这一这一传统的回响。

穷年〔1〕忧黎元〔2〕，叹息肠内热〔3〕。

——唐·杜甫《自京赴奉先县咏怀五百字》

注释

〔1〕穷年：终年。

〔2〕黎元：老百姓。

〔3〕肠内热：内心焦急，忧心如焚。

译文

终年都为老百姓的事发愁、叹息，想到他们的苦难，心里像火烧似的焦急。

解析

《自京赴奉先县咏怀五百字》是杜甫五言诗的代表作之一，这首长诗作于天宝十四年（755）杜甫由长安回奉先县探亲时。这一年杜甫43岁，被授予一个看管兵器的小官职，算是有了一份差事。当时，虽然安史之乱的消息还没有传到长安，但诗人途中所见所闻，已经显露苦乐不均、贫富悬殊的社会矛盾。诗中"朱门酒肉臭，路有冻死骨"也是经常被人提起的著名诗句，这两句诗以强烈的对比，抒发杜甫对无良权贵的愤怒以及对百姓苦难生活的忧心忡忡。

后世人们常用爱国诗人来形容杜甫，因为杜甫有着强烈的忧国忧民的情结。这一次杜甫探亲到家之后，等待他的首先不是家人的笑脸相迎，而是一家人号啕大哭，原来是小儿子少食饿死，左邻右舍听闻杜甫回来的消息也纷纷悲伤落泪。杜甫在诗中感叹，自己因为是官员所以不用交税，也不用服兵役，少了许多负担，生活尚且如此，那么广大百姓的生活更是雪上加霜。在诗歌的结尾，杜甫又将视野投向天下苍生，忧思失去生业的百姓、戍边的将士。这正是杜甫的伟大之处，在个人的苦难之外，他更加惦念天下的百姓。

"穷年忧黎元"常与"济时肯杀身"连用，表现杜甫永不衰退的政治热情、胸怀开阔的乐观精神和坚韧不拔的顽强性格，展现儒家学者对家国、对黎民的责任与关爱。"济时肯杀身"出自杜甫《敬寄族弟唐十八使君》，指愿意献出自己的生命来救济时事。杜甫这种心怀天下的情怀对后世影响颇深，一代爱国将领文天祥也有诗引用杜甫的名句，诗云："济时肯杀身，惨淡苦土志。百年能几何，终古立忠义。"

长太息〔1〕以掩涕〔2〕兮，哀民生之多艰。

——战国·屈原《离骚》

注释

〔1〕太息：叹气。

〔2〕掩涕：拭泪。

译文

我掩面垂泪而声声长叹啊，为人民生计的艰难而哀伤。

解析

屈原，是具有世界声誉的伟大爱国诗人，是中国诗词中浪漫主义传统的开启者。《离骚》是屈原的作品，是中国古代诗歌史上最长的浪漫主义政治抒情诗，表达了诗人要求革新政治的愿望、不与邪恶势力同流合污的斗争精神和至死不渝的爱国热情。西汉刘安《离骚传》谓："《国风》好色而不淫，《小雅》怨诽而不乱。若《离骚》者，可谓兼之矣。"

《离骚》上承《诗经》的比兴手法，开创了中国香草美人的诗歌传统，《离骚》中的美人一般被认为是圣君贤臣的象征，如"惟草木之零落兮，恐美人之迟暮"，"香草"一方面指品德和人格的高洁，另一方面和恶草相对，象征着政治斗争中正义的一方，如"扈江离与辟芷兮，纫秋兰以为佩"使全诗在情感上哀婉缠绵，如泣如诉。"香草美人"也成为诗歌中忠君爱国的形象代表。如龚自珍就曾写过："香草美人吟未了，防有蛟听"。

屈原对楚国的未来、民众的疾苦极为关注，作为当时大家族出身的官员，他积极做事，却遭到排挤和流放，但这些不公平的待遇始终没有磨灭他的一颗爱国爱民的赤子之心。在人生的最后时刻，他选择投汨罗江自尽，以决绝的方式表达了自己对楚国楚民的深厚情感。正是因为其高洁的品格，中国最传统的节日端午节就设立在五月五日屈原投江的这一天。端午节的主要内容包括龙舟竞渡、吃粽子、挂艾草等，有一个重要的节俗内容就是纪念屈原，人们把煮好的粽子投入江水之中，希望鱼儿有吃的而不至于吞食屈原的遗体，寄托着对这位伟大诗人的哀思和缅怀。

古之欲明明德于天下者，先治其国。欲治其国者，先齐其家〔1〕。欲齐其家者，先修其身〔2〕。欲修其身者，先正其心。欲正其心者，先诚其意。欲诚其意者，先致其知〔3〕。致知在格物〔4〕。物格而后知至，知至而后意诚，意诚而后心正，心正而后身修，身修而后家齐，家齐而后国治，国治而后天下平。

——《大学》

注释

〔1〕家：卿、大夫的采邑。

〔2〕修其身：锻造、修炼自己的品行和人格。

〔3〕致其知：让自己得到知识和智慧。

〔4〕格物：研究、认识世间万物。

译文

古时候想要将高尚的德行弘扬于天下的人，则先要治理好自己的诸侯国；想要治理好自己诸侯国的人，则先要管理好自己的采邑；想要管理好自己采邑的人，则先要修炼自身的品德；想要修炼自身品德的人，则先要端正自己的心意；想要端正自己心意的人，则先要使自己的意念真诚；想要使自己意念真诚的人，则先要获取知识；获取知识的途径在于探究事理。探究事理后才能获得正确认识，认识正确后才能意念真诚，意念真诚后才能端正心意，心意端正后才能修炼品德，品德修炼好后才能管理好采邑，采邑管理好后才能治理诸侯国，诸侯国治理好后才能使天下太平。

┃解析┃

《大学》论述了儒家修身齐家治国平天下的思想，是中国古代讨论教育理论的重要著作，从宋代起就和《中庸》《论语》《孟子》并称"四书"。"大学之道，在明明德，在亲民，在止于至善"。《大学》提出的"三纲领"（明明德、亲民、止于至善）和"八条目"（格物、致知、诚意、正心、修身、齐家、治国、平天下），强调了治国平天下和个人道德修养的一致性，体现了中国古老历史文化传统中的科学哲学思想。

格，有匡正、纠正之义。知，智慧、原理。"格物致知"就是探究还原事物的本相，通达宇宙万法的终极真相。"格物致知"是《大学》八目的基础，蕴含着丰富的中国文化内涵。明清之际，以方以智、王夫之等为代表的一批新儒家，提倡"经世致用"的实学，到19世纪中期，格物致知慢慢转为"格致"学，成为中国式的"科学"译名。

《大学》这段的八条目中，前面四个格物、致知、诚意、正心，强调个人的修养，常常被认为是儒家内圣之道；而从修身开始，后面齐家、治国、平天下，被认为是"外王"之道。内圣与外王之间，逻辑关系层层接续，形成一个完整的理论系统。

归志〔1〕宁无〔2〕五亩园，读书本意在元元〔3〕。

——宋·陆游《读书》

注释

〔1〕归志：归家隐居的志向。

〔2〕宁无：难道没有。

〔3〕元元：百姓。

译文

归乡隐居的志向就算没有那五亩田园也依然如故，读书的本意原是为了黎民百姓。

解析

陆游（1125—1210），字务观，号放翁，越州山阴（今浙江绍兴）人，有"小李白"之称，是南宋的一代诗坛领袖，在中国文学史上享有崇高的地位，陆游的诗歌继承了屈原以来诗人忧国忧民的优良传统，以现实主义风格为主，立足于时代，气势雄浑，感情奔放，笔意流走，辞旨明快，在中国文学史上具有深远的影响。

《读书》作于淳熙四年（1177），此时陆游虽然年纪不算大，52岁在当时已经可以"老夫"自居。"归志宁无五亩园，读书本意在元元。"直抒胸臆，具有高度的概括性和强烈的抒情性。"宁无"表现了诗人内心深处对黎民百姓的牵挂和不为五斗米折腰的高洁情操。在封建时代，能提出"读书本意在元元"，把读书看作是为百姓而读，是非常可贵的。周恩来评价说："陆游的爱国性很突出，陆游不是为个人而忧伤，他忧的是国家、民族，他是个有骨气的爱国诗人。"陆游非常喜爱梅花，他曾有著名的《卜算子·咏梅》末句"零落成泥碾作尘，只有香如故"。他以此来赞颂梅花的风骨，而毛泽东主席读完这首词反其意而用之，写下"待到山花烂漫时，她在丛中笑"，两人之间跨越千百年的唱和，是不同时期社会背景和诗人心境的反应，留下一段文学佳话。

在作品数量上，陆游的创作是惊人的，流传后世的诗词加起来有9000多首，其中爱国、抗金是十分重要的主题，在这些诗作中他一方面抒发自己的报国志向以及壮志未酬的悲愤之情，另一方面也对当时的投降派、妥协派进行了无情的鞭挞和讨伐。他的词作数量不多，数量庞大的九千多首诗让他成为唐宋时期传世作品数量最多的诗人。

一心中国梦，万古《下泉》[1] 诗。

——宋·郑思肖《德祐二年岁旦》

注释

〔1〕《下泉》：《诗经·曹风》中的一篇，写曹人慨叹王朝战乱，因而怀念东周王朝。

译文

心中萦绕着收复中原的梦想，时常想起《诗经》中那流传千古的《下泉》诗。

解析

郑思肖（1241—1318），宋末诗人、画家，原名之因，宋亡后改名思肖，因为肖是宋朝国姓"赵"的组成部分，以此表示不忘故国。"德祐"是宋恭帝赵㬎的年号，德祐元年（1275 年），元军南下占领了郑思肖所在的苏州，迫近临安，南宋王朝岌岌可危，郑思肖感念时事，因而作此诗，表达了大宋遗民在故国沦陷后的悲痛和诗人渴望收复失地结束战乱，实现国家统一和长治久安的愿望。

诗中的"中国"是相对于"南方"而言，指陷落敌手的中原一带。"一心中国梦"的意思就是一心执着于恢复中原故土的梦想，这是在诗中最早提到"中国梦"的记录。今天我们所说的"中国梦"，是指实现中华民族伟大复兴的中国梦，这与郑思肖所言的"中国梦"有着根本的不同。但是"一心中国梦，万古下泉诗"所表现的爱国思想和国家安定、民族振兴的愿望，却契合了一代代中国人的

经世致用　知行合一

夙愿，因而焕发着永久的生命力。

《曹风·下泉》是中国古代第一部诗歌总集《诗经》中的一首。写曹国臣子感伤周王室衰微，各诸侯国以强凌弱，小国得不到保护，因而怀念周初比较安定的社会局面。全诗四章，每章四句，采用比兴结合与重章叠句的手法，产生了独具魅力的艺术效果。《曹风·下泉》诗对后世文人有很深影响。建安七子之一王粲在其《七哀诗》中，有"悟彼《下泉》人，喟然伤心肝"之句。时过境迁，当年南宋的"中国梦"早已伴随着偏安朝廷的消亡而成为历史的云烟，如今的中国梦在亿万国人的努力下，已经有了清晰的路线图。时代变革不停，而不变的是中华民族对国家统一、国泰民安的向往。

知我者，谓我心忧；不知我者，谓我何求。悠悠〔1〕苍天！此何人哉？

——《诗经·王风·黍离》

|注释|

〔1〕悠悠：遥远的样子。

|译文|

了解我的人，说我心中忧虑惆怅；不了解我的人，问我在追求什么。悠远的苍天啊，是谁造成现在的景象？

|解析|

《黍离》为《诗经·王风》之首篇，《毛诗序》说："《黍离》，闵宗周也。周大夫行役，至于宗周，过故宗庙宫室，尽为禾黍。闵周室之颠覆，彷徨不忍去，而作是诗也。"这是东周都城洛邑周边地区的民歌，蕴含着主人公绵绵不尽的故国之思和凄怆之情。全诗三章，每章十句，重章叠句反复吟唱，表现出主人公因时世变迁而不胜忧郁之状。后世文人写咏史怀古诗，也往往沿袭《王风·黍离》这首诗的音调，"黍离"一词也成了历代文人感叹亡国触景生情常用的典故。如曹植的"游者叹黍离，处者歌式微"、刘禹锡的"回首降幡下，已见黍离离"等。

在中国文学史上，《诗经》是第一部诗歌总集，是中国古典文学现实主义传统的源头。它现存305篇，分《风》《雅》《颂》三部分。《风》出自各地的民歌，包括《周南》《召南》《王风》等共

160 篇，合称十五国风。其中有对爱情、劳动等美好事物的吟唱，也有怀故土、思征人及反压迫、反欺凌的怨叹与愤怒，常用复沓的手法来反复咏叹，一首诗中的各章往往只有几个字不同，表现了民歌的特色。

在这首诗中，这一句在三段中重复咏叹，"知我者，谓我心忧"有一种知音之感，而"不知我者，谓我何求"则诉说着深深的孤独以及难以排解的忧伤。

孩儿立志出乡关〔1〕，学不成名誓不还。

——毛泽东《七绝》

▍注释▍

〔1〕乡关：故乡，家乡。

▍译文▍

孩儿立下志向走出故乡，发誓不学出成绩就不回来。

▍解析▍

　　这首诗作于 1910 年，毛泽东的父亲要他去做生意，17 岁的毛泽东却立志走出韶山继续求学。在离家赴湘乡县立东山高等小学求学前夕，毛泽东提笔写了这首《七绝·改西乡隆盛诗赠父亲》，夹在父亲每天必看的账簿里。这是一首典型的言志诗，是少年毛泽东走出乡关、奔向外面世界的宣言书，从中表明了他胸怀天下、志在四方的远大抱负和坚定信念。这首诗从源流来说，先是西乡隆盛改自诗僧月性《锵东游题壁二首》："男儿立志出乡关，学若无成不复还。埋骨何期坟墓地，人间到处有青山。"诗文最忌讳模式化和套用他人的词句，但也有例外。改句是一种仿造诗的创作手法，以前人诗词为基础，颠倒、删除、增添或改动几个字，将其从原诗中剥离出来，产生新意，这种诗叫剥体诗，也称拟古诗。

　　这首《七绝》是毛泽东感恩父亲的特殊方式。他把原诗的"男儿"改成"孩儿"，体现出儿子对父亲的敬重；把"死不还"改成"誓不还"，"坟墓"改成"桑梓"，充分考虑父亲的忌讳和感受。改写此诗的时候，毛泽东只有 17 岁，却已经开始有了明确的志向，要走出韶山，走向更加广阔的世界。后来他在与斯诺的谈话中，曾生动地讲述了自己少年时与父亲的"斗争"的经历，认为自己从中学到了要敢于斗争等经验。后来，毛泽东到长沙求学、参军，在长沙遇到了杨昌济等人生中对他有重要影响的人，并接触到先进的革命思潮。随后，毛泽东到北京遇到李大钊，在 1920 年前后，按照毛泽东自己的说法他已经从思想上甚至行动上成为一个马克思主义者。

可以说，从 1910 年毛泽东写作此诗，到 1920 年的十年间是少年毛泽东不断进步和蜕变的过程。这十年间他不仅求学北上，遇到爱人杨开慧并在 1920 年成家，而且在思想上有了质的飞跃。1921 年 7 月，他从湖南赶赴上海参加中共一大会议，开启了人生中崭新的一段旅程，他将自己的人生与中国共产党的历史、中国革命的历史更加紧密地联系在一起。

臣本布衣〔1〕，躬耕于南阳，苟全性命于乱世，不求闻达于诸侯。先帝不以臣卑鄙〔2〕，猥〔3〕自枉屈〔4〕，三顾臣于草庐之中，咨臣以当世之事，由是感激，遂许先帝以驱驰〔5〕。后值倾覆，受任于败军之际，奉命于危难之间，尔来二十有一年矣。

——三国·诸葛亮《出师表》

注释

〔1〕布衣：平民百姓。

〔2〕卑鄙：身份低微，见识短浅。卑，身份低下。鄙，见识短浅。与今义不同。

〔3〕猥：辱，这里有降低身份的意思。

〔4〕枉屈：委屈。

〔5〕驱驰：驱车追赶。这里是奔走效劳的意思。

译文

我本来是在南阳亲自耕田的平民，只求在乱世中苟且保全性命，不奢求在诸侯之中出名显达。先帝不因为我身份卑微，屈尊下驾，三次来我的茅庐看我，征询我对时局大事的意见，我因此十分感动，就答应为先帝奔走效劳。后来遇到兵败，在兵败的时候接受任务，形势危急之时奉命出使，至今已经二十一年了。

解析

诸葛亮（181—234），字孔明，是三国时期杰出的政治家和军事家，有《诸葛武侯集》。诸葛亮早在隐居南阳时，就不是简单地避世独处，而是在积极地等待机会。他密切注视天下的形势变化，因此当刘备三顾茅庐，展示出足够的诚意之后，他果断出山辅佐刘备，给他定下了三分天下的战略。诸葛亮以伊尹、周公为榜样，矢志成为治世之能臣。诸葛亮的高尚品格，让他成为后世仰慕的人格典范。

《出师表》创作于227年，是三国时期时任蜀汉丞相诸葛亮在决定北上伐魏前给后主刘禅上书的表文，是古代"国士"情操与境界的代表作。诸葛亮的忠贞不渝和鞠躬尽瘁成为后世文人推崇的榜样，有"读《出师表》不哭者其人不忠，读《陈情表》不哭者其人不孝"的说法。《出师表》以议论为主，兼用记叙和抒情。诸葛亮在文中提出修明政治的主张，以恳切委婉的言辞劝勉后主要广开言路、严明赏罚、亲贤远佞，以此兴复汉室，同时也表达自己以身许国，鞠躬尽瘁，死而后已的思想。

《出师表》语言率直质朴，感情恳切忠贞，展现了以"经世致用"为学问宗旨的襟怀与抱负，以天下为己任的老臣之心。诸葛亮在后世追慕者甚众，大诗人杜甫曾在诗中赞叹："诸葛大名垂宇宙，宗臣遗像肃清高。"南宋爱国诗人陆游有《书愤》："出师一表真名世，千载谁堪伯仲间。"这些传世诗作，都对诸葛亮给予了极高的评价。

为天地立心，为生民立命，为往圣〔1〕继绝学，为万世开太平。

——宋·张载《横渠语录》

注释

〔1〕往圣：孔子、孟子等儒家先贤。

译文

为天地确立起生生之心，为百姓指明一条共同遵行的大道，继承孔、孟等以往圣人不传的学问，为天下后世开辟永久太平的基业。

解析

北宋理学家张载的这段话，后世被人推重，也被简称为"横渠四句"。其中，为天地立心一句，张载《诗书》称："天无心，心都在人之心""大抵言天地之心者，天地之大德曰生，则以生物为本者，乃天地之心也。"所以"天地之心"，就是张载所言"民吾同胞，物吾与也"的仁民爱物之心。"为天地立心"，就是依循宇宙本体弘扬并确立仁民爱物之心，是人对天地生生之德的亲切理会，通过人的理会指点，天地生化万物的心便显立了。

为生民立命一句，源于孟子的"立命"思想。《孟子·尽心上》云："尽其心者，知其性也。知其性，则知天矣。存其心，养其性，所以事天也。夭寿不贰，修身以俟之，所以立命也。"孟子认为，一个人不管寿命长短，如果通过修身尽心知性，其个体之人就可以安

经世致用　知行合一

身立命。"为生民立命"的"生民"指民众，扩而大之，就是要让天下百姓都有安身立命之处。

为往圣继绝学，为万世开太平是站在历史的视角，上承接文化上的自孟子就断了的儒学学统，下缔造不朽的功业，泽被后世、太平是当时的流行语，也是宋代欧阳修、范仲淹等许多思想家努力的方向。这四句话，涵盖了天地、生民、古今、未来四种不同的视角，生动地诉说着作者张载这一倡导"实学"的大师的追求。理解这四句话，必须要放在北宋特殊的历史背景下，北宋建国后面临长期动荡之后国家一统但政治秩序有待重建的大命题，张载的这番话无异于是对这一命题的回应。

君子之为学，以明道〔1〕也，以救世也。徒以诗文而已，所谓雕虫篆刻，亦何益哉?

——清·顾炎武《亭林文集》

注释

〔1〕明道：阐明治道，阐明道理。

译文

君子读书是为了阐明道理，是为了匡扶世道。仅仅沉迷诗书文章和篆刻又有什么益处呢?

解析

顾炎武（1613—1682），本名顾绛，字宁人，人称亭林先生，明末清初的杰出的思想家、经学家，与王夫之、黄宗羲并称为明末清初的"三大儒"。他的主要代表作有《日知录》《天下郡国利病书》等。明清更迭时期，阳明心学以至整个宋明理学已日趋衰颓，思想学术界出现了对理学批判的实学高潮。顾炎武顺应这一历史趋势，在对宋明理学的批判中，建立了他的以经学济理学之穷的学术思想，提出了"天下兴亡，匹夫有责"这一影响深远的口号。尤其是在顾炎武的提倡下，经世致用、利国富民的思想广为传播，他强调重实用而不尚空谈，开启了一代朴实学风的先路。

顾炎武治学有强烈的问题意识，他认识到明王朝国破家亡的历史悲剧是因为士大夫空谈心性，不关心国家安危和百姓困苦，不研究经世致用的学问，因此认为一切社会问题的解决，最终都只能通过发展经济的途径。他在《与人书·三》中写道："故凡文之不关于六经之旨、当世之务者，一切不为。"强调治学必须做到理论联系实际，更好地指导实践。他的这一思想，建立在儒家强烈的现实关怀基础上，而"匹夫"有责的说法在当时堪称大胆，这一说法将天下与每一个黎民百姓的关系都紧紧地绑定在一起，强调每个人对时代、家国的责任感和使命感，而不仅仅是士大夫们独有的觉悟，其巨大的影响一直延续到今天。

然〔1〕后知生于忧患，而死于安乐也。

——战国·孟轲《孟子·告子下》

注释

〔1〕然：指示代词，这样，如此。

译文

这样以后才知道忧虑祸患能使人（或国家）生存发展，而安逸享乐会使人（或国家）走向灭亡。

解析

孟子名柯，字子舆，元朝被追封为"亚圣"，作为孔子之后儒家学派最重要的代表人物。孟子主张"性善论"，把孔子的"仁"发展为"仁政"，提出"民贵君轻"的思想，主张国君实行"仁政"，看重"礼义"与"气节"。对孟子的重要地位，班固在《汉书·楚元王传赞》中评价有典型性，他说："自孔子殁，缀文之士众矣。唯孟轲……博物洽闻，通达古今，其言有补于世。"

孟子地位真正的提升，被广为接受还是从唐代开始的。韩愈在《原道》中把孟子放在很高的地位，将其看作孔子最重要的继承人。孟子的地位在宋代进一步提升，北宋初期《孟子》被列为科举考试的内容，到了南宋时期朱熹把《孟子》列为四书之一，成为儒家经典。元代时，孟子被朝廷官方封为"亚圣"，地位又一次提高到前所未有的高度。

"生于忧患，死于安乐"，出自《孟子·告子下》。在这篇文章中，孟子以举例的手法，列举了舜、管仲等六位经过贫困、挫折的磨炼而终于担当大任的人的事例，来证明"天将降大任于斯人也，必先苦其心志，劳其筋骨，饿其体肤，空乏其身，行拂乱其所为，所以动心忍性，曾益其所不能"。孟子所强调的忧患意识，其中有一种艰难困苦、玉汝于成的含义，强调忧患对人成长进步的激励作用。无论是个人的人生还是国家的发展，都能够从这一道理中受益。

正所谓"多难兴邦"，在忧患面前，中国自古以来就强调主观上的能动性，不是简单的逆来顺受，而是在苦难当中汲取宝贵的经验，激发变革、创造的强大力量，让人民团结起来向着共同的目标而奋进。

居庙堂〔1〕之高则忧其民，处江湖之远则忧其君。

——宋·范仲淹《岳阳楼记》

注释

〔1〕庙：宗庙。堂：殿堂。庙堂：指朝廷。

译文

在朝廷上做官时，就为百姓担忧；处在僻远的江湖中就为国君忧虑。

解析

范仲淹（989—1052），字希文，他是北宋著名政治家、军事家、文学家、教育家，在他死后，朝廷给出的谥号是"文正"，这是对官员一生极高的评价，也是放眼历史上少有的荣誉。宋代、明代、清代都是两三百年的历史，获得"文正"谥号的每个朝代不超过十个人，因此这一谥号代表着中国古代对于士大夫榜样的推重，范仲淹在北宋就是一个榜样式的人物。《岳阳楼记》是范仲淹最广为人知的散文作品，他通过写岳阳楼的景色和阴雨或晴朗时带给人的不同感受，揭示了"不以物喜，不以己悲"的古仁人之心，也表达了"先天下之忧而忧，后天下之乐而乐"的爱国爱民情怀。

实际上，范仲淹本人在写作此文时人在河南，距离岳阳楼千里之遥，他的朋友滕子京求他作文的同时，附上了一副《洞庭晚秋图》。范仲淹从图中生发出文学的想象力，勾勒出了一派秋天的美景画卷，更重要的是从美景出发，对江湖与朝堂、忧与乐等进行了

经世致用　知行合一

富有哲理的感叹。

在《岳阳楼记》一文中，这两句广为传诵。《岳阳楼记》刚问世就广为传播，但因其中"晴雨"两段采用骈偶句写景，不是正统的古文，一直颇受批评，欧阳修评价为"词气近小说家"，姚鼐的《古文辞类纂》选历代名作，却并未收录本篇。另一方面，《岳阳楼记》中忠君爱国思想和否定个人悲喜的观点符合了宋明理学家"存天理，灭人欲"的理学观念，因此受到理学家的推崇，尤其在明清的内忧外患中，文人士子对忠君爱国的呼吁达到了顶峰，进一步扩大了《岳阳楼记》的接受范围。"忧国忧民"与儒家传统的"生于忧患、死于安乐"的忧患意识一脉相承，核心是强调"预"，也就是心中有数，以便有所作为。

风声雨声读书声，声声入耳〔1〕；家事国事天下事，事事关心。

——明·顾宪成题东林书院对联

注释

　　〔1〕入耳：可以听到。

译文

　　耳中既能听到大自然的风雨声，也能听到读书声；不仅埋头读书，心中也关注着家国天下所有的事情。

解析

　　这幅悬挂在无锡东林书院的对联，表现了读书人应当既要认真读书，又要关心国家大事。和"两耳不闻窗外事，一心只读圣贤书"恰恰相反，强调读书人宽阔的视野和广泛的关照。

　　顾宪成（1550—1612），字叔时，号泾阳，是明代思想家。顾宪成创立了东林书院，因此也被称为东林先生。他以东林书院为阵地，针对当时思想界颇有影响的王阳明心学展开了论辩，他反对阳明心学中种种虚、空、玄的主张和说教，倡导实学，团结了顾允成、高攀龙等一大批人。围绕东林书院，后来形成了明末一支重要的力量东林党。

　　东林党是明朝末年以江南士大夫为主的官僚阶级政治集团。明朝中期以后，政治日益败坏，万历三十二年（1604），顾宪成等人修复宋代杨时讲学的东林书院，与高攀龙、钱一本等讲学其中。东林讲学之际，正值明末社会矛盾日趋激化之时，东林人士讽议朝政、评论官吏。他们关心国事，力图改革弊政，要求廉正奉公，振兴吏治，开放言路，革除朝野积弊，反对权贵贪纵枉法。这些针砭时政的主张得到当时社会的广泛同情与支持，同时也遭到宦官及其依附势力的激烈反对。两者之间因政见分歧，后来发展演变为明末激烈的党争局面，加剧了明朝的倾覆。

抛开党争的事实，单看这两句的主旨，强调读书人的社会责任以及对社会现实的密切关注，是具有积极而进步的意义的。

溯洄[1] 从之，道阻且长。溯游[2] 从之，宛[3] 在水中央。

——《诗经·秦风·蒹葭》

注释

〔1〕溯洄：逆着河流向上走。

〔2〕溯游：顺着河流向下走。

〔3〕宛：仿佛，似乎。

译文

逆着水流沿岸找寻，道路艰险又漫长。顺着水流沿岸找寻，似乎就在那水的中央。

解析

蒹葭也就是芦苇，它在水边摇曳，秋天里更显得多情而动人，令人浮想联翩。从蒹葭到伊人，是《诗经》中常用的"兴"的手法，先讲秋天芦苇金黄随风摇曳的美景，让人进入一种优美的意境，然后吟咏主体也就是伊人。全诗寻找的"伊人"有三种说法，第一种认为是在思念友人或追求情人；第二种认为是在表示思念贤才；第三种认为是招求隐士。一般认为这是一首爱情诗，故寻找的对象指情人。"所谓伊人，在水一方"，诗中水边的美人形象，对后世影响很大，成语秋水伊人正是从此诗中来的。

"道阻且长"后来成为中国人常用的表达，用来讲述为了追求理想，需要不懈奋斗、长期坚持的进取状态。"道阻且长"现在也常常与"行则将至"连用，演化用来表示追求理想的一种决心，即某件事情因各种客观原因呈现出艰难的局面，完成它需要漫长的努力，但行为人并不会因此放弃，反而具有乐观刻苦的精神。"行则将至"出自《荀子·修身》，意思是只要坚持不懈地走下去，就一定能够抵达目的地。

位卑未敢忘忧国，事定〔1〕犹须待阖〔2〕棺。

——宋·陆游《病起书怀》

注释

〔1〕事定：指收复中原。

〔2〕阖：关闭。

译文

虽然职位卑微却从不敢忘记忧虑国事，恢复中原的事还需要等到死后才能实现。

解析

陆游是一个非常勤奋的诗人，流传至今的诗作有九千多首，其中有很多都是爱国诗。在陆游的爱国诗中，抗敌复国是一个重要的主题，他曾说："遗民泪尽胡尘里，南望王师又一年。"（《秋夜将晓出篱门迎凉有感》）当收复中原的愿望变得越来越难以实现，眼见到了人生暮年，陆游在诗中给自己的孩子写道，希望在死后能够在冥冥之中听到"王师北定"的消息。

历史总是不以个人的意志为转移，陆游去世之后，有宋一代并没能实现北定中原的梦想，反而偏安东南，在与北方政权的斗争中最终落得败落的结果。陆游"王师北定中原日，家祭无忘告乃翁"所期待的统一，只存在于诗中，因此显得别样悲情。

在中国古代诗歌中，爱国的主题源远流长。每当国家面临危机之际，诗坛上总会诞生优秀的作品，比如杜甫的诗、岳飞的词

经世致用　知行合一

等。在陆游的诗中，抗敌复国，既是普通老百姓的愿望，属于时代主题；也是他自己的夙愿，是个人意志的体现。陆游说："归志宁无五亩园，读书本意在元元。"（《读书》）读书的目的，是为了普通老百姓能够安居乐业，实现他们的抱负，等等。爱国面前，人人平等，并没有高低贵贱之分，这与今天所强调的全民爱国有着共通的内涵。

人有不为也，而后可以有为。

——战国·孟轲《孟子·离娄下》

译文

人要有所不为，才能有所为。

解析

这句话有两种解释：一种认为人的精力是有限，只有放弃一些事情不做，才能在别的一些事情上做出成绩。另一种解释认为只有一个人知道有什么是不可以做的，才能有所作为。无论是何种解释，都是在解决"为"与"不为"之间的矛盾。针对这一问题，道家的智慧是"无为而无不为"，强调不做任何违反自然规律、有损道德规范、违反社会法则的事；儒家的主张是"有所为有所不为"，儒家所说的"不为"是为了"有为"，不是不做，而是要有所选择地去做。

在我们的生活中，如果什么都想学，往往什么也学不好；什么都想去尝试，往往什么都做不好。在孔子看来，凡是正义的事情，就要勇敢地去做，如果"不为"，就是没有勇气的人，所谓"见义不为，无勇也"（《论语·为政》）。"有所为有所不为"锤炼了中国人守规矩的品格，"见义勇为"又铸就了中国人的责任心和使命感。

在中华传统思想中，还有一句话，叫做"知其不可为而为之"。明末文人张岱说："不知不可为而为之，愚人也；知其不可为而不为，贤人也；知其不可为而为之，圣人也。"（《四书遇》）在张岱看来，当人们面对那些情理之中"不可为"而道义上有必须"为之"

的艰难抉择时候，如果不去做，可以称得上是一个明事理的人，如果做了，那他就是一个圣人。这种"知其不可为而为之"的使命意识，成为中华民族精神的重要内容，其核心是在"知"和"为"之间，建立了一种清晰的指导关系，当在知的层面，认识到一件事有可能遇到的困难、风险以及有可能失败的结果，一个真正的圣人，必定会选择承担这些可能的后果，勇敢地作为和行动，这才是张岱所说的圣人的内涵，也是一种直到今天仍然有着巨大影响的中华民族崇尚的优秀传统。

君子不怨天，不尤〔1〕人。

——战国·孟轲《孟子·公孙丑下》

注释

〔1〕尤：怨恨，归咎，责怪。

译文

君子不抱怨天，不责怪人。

解析

"不怨天，不尤人"语出《论语·宪问》，孟子在教学中向学生转述孔子的观点。孔子说："不怨天，不尤人，下学而上达。"不怨恨天，也不责备人，下学人事而上达天命。在这里，孔子不得于天而不怨天，不合于人而不尤人，专注于自我修养，倡导拥有独立的人格，倡导对内在完美的追求。

"不怨天，不尤人"不是消极地顺应他人和环境，消极地遵守外在的、固定的行为准则，而是积极地充实、完善自我，是培养内在的精神生命力。孟子不仅推重孔子的这一思想，在《孟子·离娄上》中提到"行有不得，反求诸己"，在《孟子·公孙丑下》中也说："发而不中，不怨胜己者，反求诸己而已矣。"当我们在某些方面不如别人的时候，不要一味地怨恨别人，嫉妒别人，而是要"反求诸己"，从自身找问题、找不足。因此，无论是"不怨天，不尤人"，还是"反求诸己"，从个人品德上来说，就是严于律己，宽以待人，凡事多作自我批评。

不抱怨，求诸己，相辅相成，共同构成一种宝贵的君子品格，不抱怨既是一种不回避的清晰态度，也是一种为人处世的原则，其内涵强调君子的主观能动性，注重自身建设。这种成熟的思想认识，出现在两千多年前，并且直到今天仍然具有重要的现实指导意义，具有强大的生命力，足以说明其超越时空的魅力。

我知言〔1〕，我善养〔2〕吾浩然之气。

——战国·孟轲《孟子·公孙丑上》

注释

〔1〕言：言辞。

〔2〕养：使身心得以滋补、休息，此处意为培养、涵养。

译文

我善于分析别人的言辞，也善于培养我的浩然之气。

解析

文天祥曾写过一首《正气歌》，开篇即是："天地有正气，杂然赋流形。下则为河岳，上则为日星。于人曰浩然，沛乎塞苍冥。"浩然正气，是自古以来无数志士仁人崇高的人格追求，也是中华民族巍然屹立于世界东方的精神源泉。

孟子所谓的"浩然之气"是一种"至大至刚"，最伟大、最刚强的气。这种"浩然之气"，需要用正义去培养，不能受一丝的伤害，而且要和道义相配合，日积月累而成。要养成"浩然之气"，要专注内心，不能违背规律去帮助它生长。为证明这个道理，孟子还形象地用了著名的寓言故事"揠苗助长"，讲述一个宋国人，担心禾苗长得慢，到田地里辛辛苦苦地把禾苗拔高，试图帮助它们成长，结果却适得其反，禾苗都枯萎在田地里。孟子讲这则故事的深意在于，他进一步强调"浩然之气"需要遵循自然规律，而不是任意而为、胡乱作为。

　　越是在艰难困苦之中或危急关头，一个人的浩然之气才体现得更加明显。《牡丹亭》里说："贫薄把人灰，且养就这浩然之气。"文天祥被元军俘虏，面对威逼利诱誓死不屈，他的那句"人生自古谁无死，留取丹心照汗青"，也成为浩然之气最好的注脚。

　　浩然之气，在中国人的心目中被广为追慕，很多家长给孩子起名字都喜欢用上浩然二字，以此表达对孩子的美好祝愿。如果在中国的户籍库中检索一番，想必少则有成千上万人的名字中有共同的这一出处。每当我们在生活中遇到名字叫浩然的人，都是与孟子及中华传统文化的一种特别的相遇。

鱼和熊掌不可得兼 [1]。

——战国·孟轲《孟子·告子上》

注释

〔1〕兼：字意是手握两棵禾苗，同时获得。

译文

如果鱼和熊掌二者不可并有，便牺牲鱼而要熊掌。

解析

这句话已成俗语，原文说："鱼，我所欲也；熊掌亦我所欲也；二者不可得兼，舍鱼而取熊掌者也。生亦我所欲也，义亦我所欲也；二者不可得兼，舍生而取义者也。"鱼和熊掌都是美味，当二者不可兼得的时候，人们毫无疑问会选择更加美味、更加珍贵的熊掌。同样的道理，生存和道义都是值得珍贵的，当二者不可并有的时候，孟子认为应该选择道义。这就是孟子的"舍生取义"思想。

"杀身成仁"和"舍生取义"，是儒家所主张的基本道德准则，也是中华民族最为宝贵的价值理念。千百年来，"捐躯赴国难，视死忽如归"的英雄层出不穷；"人生自古谁无死，留取丹心照汗青"的志士震烁古今，成为人们世代歌颂的榜样。他们的英雄事迹，让人想到裴多菲的名句"生命诚可贵、爱情价更高。若为自由故，两者皆可抛"，足见中西方皆有类似的表达。

1928年，共产党人夏明翰在汉口英勇就义。临刑前，他写下了一首正气凛然的就义诗："砍头不要紧，只要主义真。杀了夏明

经世致用　知行合一

翰，还有后来人！"这首诗不仅是他伟大人格的体现，也是他崇高
信念的最好表达，更是对"舍生取义"精神的继承与发展。为了建
立新中国，一大批像夏明翰一样具有崇高信仰的烈士付出了宝贵的
生命，他们以实际行动践行了"舍生取义"。当代中国快速发展的
成果为广大人民所共享，这正是对他们最好的告慰。

不耻不若〔1〕人，何若人有?

——战国·孟轲《孟子·尽心上》

注释

〔1〕若:《说文解字》中说若字本意是择菜，此处意思是"如"，有比较之意。

译文

不以不如别人而感到羞耻，怎么能赶上别人呢?

解析

孟子认为，人应该有羞耻之心。他说:"人不可以无耻，无耻之耻，无耻矣。"人不可以没有羞耻，那种不知道羞耻的羞耻，才是真的不知羞耻。《礼记》里说"知耻近乎勇"，只有认清自己的不足，以此为耻，才能勇于改过。如果认识不到自己的不足，或者对自己的不足不以为耻，反以为荣，那么就不会有实实在在的进步。因此，孟子提出"人不可以无耻"，主张大家要有羞耻之心，这样才能力求上进。只有以赶不上别人为耻，才能知耻后勇，奋起直追。

孟子的这一思想在后世很受重视，宋代理学家朱熹在谈到羞耻之心时，认为"人有耻，则能有所不为"，是从另一个方面分析"耻"对于个人道德修养的影响。在朱熹看来，人一旦有了"有耻之心"，在行为上就基本能遵守社会规范，不至于做出违背伦理道德之事。

概而言之，孟子对耻的理解，包含了两层意思:一是强调自我

经世致用　知行合一

约束。人有了羞耻之心，便以此作为自己行动的依据，从而有所为有所不为。二是注重自我激励。人有了羞耻之心，才会认清自己与他人的差距，从而加倍努力，提升自我，是所谓知耻而后勇。

富贵不能淫〔1〕，贫贱不能移〔2〕，威武不能屈〔3〕。

——战国·孟轲《孟子·滕文公下》

注释

〔1〕淫：迷惑。

〔2〕移：改变。

〔3〕屈：降服。

译文

富贵不能扰乱我的心，贫贱不能改变我的志气，威武不能使我屈服。

解析

孟子用这句话来形容"大丈夫"。在文中，景春问什么是"大丈夫"，孟子告诉他，在政治修为上，要能"立天下之正位，兴天下之大道"；在个人修养上，要"富贵不能淫，贫贱不能移，威武不能屈"。无论是身居何位，得志与否，人都要坚守自身的道义。

富贵、贫贱和威武，是生活中人们通常会遇到的不同境遇。身处富贵之中，人们往往会迷失自我，忘掉初心，最终"死于安乐"；面临贫贱之时，人们又常常会否定自我，丢失志气，最终抛弃理想；深陷威武压力，人们轻而易举选择屈从，失去原则，最终沦为权势的帮凶。在孟子的眼中，一个真正的"大丈夫"不应被富贵、贫贱和威武所桎梏，坚守心中的"道义"，遵循"仁、义、礼"的原则，成就一番事业。

中国人讲求气节，而威武不屈就是我们民族气节中的重要内容。明代的名臣，写出"粉骨碎身全不怕，要留清白在人间"的于谦鞠躬尽瘁、死而后已，他在危急时刻力挽狂澜，拯救了大明王朝。他的这两句诗后来被广为传颂，激励了许多献身国家和民族大义的人。其他例证还有许多，比如在民国时期，身在北平的清华教授、贫病交加的朱自清坚持气节，尽管在特殊时期生活窘迫，但态度鲜明，坚决不领美国所谓的救济面粉，这些都是威武不屈的生动例证。

枉 [1] 己者，未有能直人者也。

——战国·孟轲《孟子·滕文公下》

注释

〔1〕枉：弯曲，弯屈，引申为行为不合正道或违法曲断。

译文

自己不正直的人，从来没有能够使人正直的。

解析

这句出自孟子和陈代的对话。对话一开始，陈代就提出"枉尺直寻"的理念。在古代计量单位里，一寻为八尺，"枉尺直寻"意思是屈起来的只有一尺，伸直了的却有八尺。陈代用这句成语表明小节上不妨委屈一些，以求得到较大的好处。对于这样的观点，孟子提出了反对意见。在孟子看来，如果自己的行为不合正道，人格是扭曲的，那么还怎么可能要求别人正直呢？

同样的道理，早在孟子之前，孔子也说过类似的话："不能正其身，如正人何？"（《论语·子路》）对于治国理政的人而言，端正自己很重要，如果连自身都不够端正，怎么能端正别人呢。因为"其身正，不令而行；其身不正，虽令不行"（《论语·子路》）。

由此可见，在孔子、孟子的观念里，所谓"曲线救国"和"变通求存"都是不可取的，只有自律正己、以身作则才是正确的出路。大到治国理政，小到为人师、为人父母，都应以身作则，树立榜样，才能做到春风化雨，润物无声。归根结底，人影响人是一件

经世致用　知行合一

复杂而艰难的事情，也是一种相互的关系，如果自身不能够坚持原则、践行原则，那要求他人或者影响他人的过程中必然是贫乏而苍白的。甚至有时做到了以身作则，他人还未必能够真心跟随，这也是人性中复杂的一面，因为坚持原则、严于律己都对人性是一种约束和提升，都是不容易做到的，也因此更显得可贵。

当今之世〔1〕，舍〔2〕我其谁也?

——战国·孟轲《孟子·公孙丑下》

注释

〔1〕世:《说文解字》中解释"世"字说"三十年为一世"，此处意思为"世界、社会"。

〔2〕舍:放弃、除了。

译文

在当今这个社会，除了我，还有谁呢?

解析

孟子奔走于诸侯之间，推广他的"仁政"，但都没有得到重用。孟子曾两度游说齐王，都没能成功。在离开齐国的路上，他的弟子充虞问他:"老师不是说'不怨天，不尤人'吗，为什么表现出不快乐的样子呢?"孟子就说:"彼一时，此一时也"。

在孟子看来，每过五百年，就会有一个圣君出现，随之还有一个足以辅佐圣君的王臣出现。从周武王算起，迄今已经七百多年了，圣君还是没有出现。或许是上天不想让天下太平，如果想让天下太平的话，除了我还有谁呢? 从这句话，我们可以看出孟子对自我的期许很高，认为自己是五百年一出的王佐之才。同时，我们还能看出孟子有一种"以天下为己任"的社会责任感和使命感。

儒家思想尤其重视文化使命感。孔子离开卫国去陈国，经过宋国时，有个叫桓魋的人想杀孔子，弟子催他快跑，孔子说:"天生

经世致用　知行合一

德于予，桓魋其如予何！"有一次，孔子被匡地的人围困，他说："天之未丧斯文也，匡人其如予何？"如果上天不让文化消亡，那么匡人又能把我怎么样呢？有了这份自信，很多眼前的困难便成为前路中为了实现目标而必须克服的困难，看待问题的视角因此也更显得乐观健朗。有了这份自信，也能笑对一些负面言论，孔子一路逃亡来到郑国，和弟子走散后，子贡问询他人，一个郑国人说东门有个狼狈不堪、相貌奇特的人，像一条丧家之犬，结果正是孔子。孔子听闻这番话后，反而高兴地说，虽然郑国人说我相貌我不同意，但他说我如丧家犬，对极了。

孔孟强调的这种"舍我其谁"的人生态度，是一种积极进取的姿态，大大提升了古代文人的主人翁意识，将天下苍生的福祉作为自己的责任，铁肩担道义，妙手著文章。明末清初思想家顾炎武进一步提出，普通老百姓也要承担天下兴亡的责任，他的"天下兴亡，匹夫有责"，大大发展了"当今之世，舍我其谁"的内涵。这一使命感的核心，是强调个体的责任，每个人对国家大义、文化传承等都应该具有当然的责任感，以天下为己任方能提升看待问题的广度与深度，从而指导行动。

千里之堤，溃〔1〕于蚁穴。

——战国·韩非《韩非子·喻老》

注释

〔1〕溃：大水冲开堤岸。

译文

一个小小的蚂蚁洞，可以使千里长堤溃决。

解析

这句话的全文是这样的："千丈之堤，以蝼蚁之穴溃；百尺之室，以突隙之烟焚。"韩非子用千里长堤毁于蚂蚁洞和百尺高楼毁于烟囱的小缝隙这两个例子，来阐述防微杜渐的道理。韩非子提出，"欲制物者于其细"，要想控制事物，就要从微细时着手。只有谨慎地对待细小的、容易的事情，不麻痹大意，才能防患于未然。

韩非子还用"扁鹊见蔡桓公"的故事为例，通过名医扁鹊在不同时间为蔡桓公提出治病的方案，而蔡桓公前期总是不断拒绝，最终导致自己病入膏肓无力回天的一段故事，来进一步说明"圣人早从事"的道理。韩非子认为，真正有智慧的人能够对事物的发展进行预判，提前加以处理，这和传统中医学中强调"上医治未病"，注重以预防为主的策略本质上是相同的。

"蚁穴"与"突隙"固然是细小之物，同时也是日常生活中常见而又容易忽视之物，韩非子讲的"千里之堤，溃于蚁穴"除了有防微杜渐的意思，还提醒人们要正视问题。"扁鹊见蔡桓公"的故

经世致用　知行合一

事说明了即使是那些微不足道的小问题，也应引起足够的重视，蔡桓公"讳疾忌医"，最终酿成大祸。在我们的现实生活中，对身边出现的问题熟视无睹，甚至刻意回避的讳疾忌医现象普遍存在。"千里之堤，溃于蚁穴。"只有从一点一滴的细小事做起，直面矛盾，解决矛盾，才不至于酿成大祸。

烹〔1〕小鲜〔2〕而数挠〔3〕之，则贼其宰〔4〕；治大国而数变法，则民苦之。

——战国·韩非《韩非子·解老》

注释

〔1〕烹：煎。

〔2〕小鲜：小鱼。

〔3〕挠：搅动。

〔4〕宰：掌管膳食之官。

译文

煎小鱼的时候如果频繁搅动，那么烹饪的官员就没有尽责；治理大国如果经常改动法令，那么老百姓就会因此受苦。

解析

《老子》里说"治大国，若烹小鲜。"用煎小鱼来比喻治理国家。至于二者之间有什么共通点，老子并没有进一步的阐述，只是在这一章里反复强调"不伤人"的理念。《韩非子》在《解老》和《喻老》篇里，用历史故事和民间传说的形式为《老子》作注解与阐释，将《老子》的哲理具体化、形象化。

韩非子是怎么解释"治大国，若烹小鲜"的呢？他说，治大国就像煎小鱼那样，不能频繁搅动，否则小鱼就会坏烂。治大国，经常折腾，就会乱国害民。以饮食之道来比喻治国之道，让深刻的道理与日常生活之间建立起紧密联系，变得更加容易理解，是一种高妙的解释。

"治大国，若烹小鲜"的思想在中国传统政治思想中有着深远的影响。历代学者如宋代理学家林希逸、元代理学家吴澄都认为，这句话喻示着为政之要在安静无扰，扰则害民。安静无扰，在政策制定和实施的过程中不折腾、不反复，那么老百姓就可以各遂其生，社会和谐，相安无事，哪怕有外在力量的阻挠，也不至于引起祸端。当然，为政如此并不意味着无所作为，而是注重政策的延续性和执行过程中的一致性，不因一时一事就轻易改弦更张，能做到这一点意味着高超的政治智慧。

《淮南子》中说："治国有常，而利民为本。政教有经，而令行为上。"大国之大，国民众多。因此对大国来说，改革、变法都是需要非常小心谨慎的事儿，而不能朝令夕改或者频繁修改。

摇镜则不得为明，摇衡〔1〕则不得为正。

——战国·韩非《韩非子·饰邪》

注释

〔1〕衡：秤杆，泛指秤。

译文

镜子晃动就不能照明，衡器晃动就不能校正。

解析

韩非子是法家学说的集大成者。在这句话中，韩非子用镜子和衡器来比喻法律的公正。在韩非子看来，依法治国是强国的根本，他列举了魏国、赵国的例子，说明重视法律对王国兴衰起到决定性作用，因为"明法者强，慢法者弱"。在重视法律的基础上，韩非子还推崇有功必赏，有罪必诛的执法公正性。韩非子说："镜执清而无事，美恶从而比焉；衡执正而无事，轻重从而载焉。"镜子保持明亮而不受干扰，美丑就从中显示出来；衡器保持平正而不受干扰，轻重就从中衡量出来。法律，是带有强制性的外在约束，是人们共同遵守的准则，就应当客观公正，不受外来的干扰。

做到公正的一个基本的前提，就是对法制的权威性有不容置疑的共识。商鞅变法的过程中，制定了一系列新法。在新法颁布之前，商鞅怕老百姓不相信新法，于是在城南门立木为信，招募百姓，如果有人能把这根木头搬到北门去，就奖励他五十金。围观的众人纷纷觉得此事有些不靠谱，但后来，真有一个人搬了木头，马上得到了商鞅的奖励。通过这件事，商鞅的新法树立了广泛的威信，得到了百姓的信任，变法也随之取得成功。

捐〔1〕躯赴国难，视死忽如〔2〕归。

——三国·曹植《白马篇》

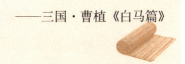

注释

〔1〕捐：舍弃、抛弃。

〔2〕忽如：犹如、如同。

译文

在国家危难时候英勇献身，将死亡看得像回家一样平常。

解析

历代文人都在作品中高歌那些为国献身、视死如归的爱国壮士，借此抒发自己为国建功立业的雄心壮志。早在《国殇》这首诗里，屈原用"身既死兮神以灵，子魂魄兮为鬼雄"来称颂楚国将士为国捐躯的高尚志节，歌颂了他们的英雄气概和爱国精神。到了三国两晋时期，曹植的《白马篇》写的是边塞的游侠，他们嫉恶如仇、武艺精熟，一旦遇到匈奴入侵，他们毅然从军，驰骋沙场、英勇杀敌，留下了可歌可泣的故事和高尚的品德，鼓舞着世人。

曹植是曹操之子，是一个志气很高的人。青年时期，他满怀报国热情，即使是在争夺王位的过程中被哥哥曹丕击败，后来又被侄子魏明帝曹睿猜忌，仍在写给魏明帝的《求自试表》中说："忧国忘家，捐躯济难，忠臣之志也。"希望能得到任用，实现为国效力、建功立业的宿愿。

对"捐躯赴国难"精神的歌颂，在后世代代流传，王维在《少

经世致用 知行合一

年行》中说:"孰知不向边庭苦,纵死犹闻侠骨香",边关生活虽然艰苦又危险,但是为了国家纵然战死也无悔无怨。李清照说:"生当作人杰,死亦为鬼雄",在北宋灭亡之际唱出了无奈的悲歌。陆游《十一月四日风雨大作》中感叹:"僵卧孤村不自哀,尚思为国戍轮台。夜阑卧听风吹雨,铁马冰河入梦来。"困顿的生活,衰弱的身体,并没有消磨诗人报效祖国的爱国之情。

近代以来,仁人志士为了追求民族独立和民族复兴的伟业,勇于奋斗、不怕牺牲,涌现出来一批又一批慷慨捐躯的国之英雄。高耸在天安门广场上的人民英雄纪念碑,无声地诉说着对他们的纪念与追思。

苟不可以为天下国家之用，则不教〔1〕也；苟可以为天下国家之用者，则无不在于学〔2〕。

——宋·王安石《上仁宗皇帝言事书》

注释

〔1〕教：教授、讲授。

〔2〕学：学习，此处意为纳入学校教学内容。

译文

如果知识不能用以治理国家、安定天下，那么就不必教授它；如果知识可以用于治理国家、安定天下，那么就应该统统把它们列入学校的教学内容。

解析

中国自古以来都非常重视教育，《孟子》说："人之有道也，饱食、暖衣、逸居而无教，则近于禽兽。"认为那些饱食终日而不接受教育的人，近似于禽兽。孟子甚至把教育天下的英才作为人生三大乐事之一。新中国成立以来，中国教育得到了快速高质量的发展，中国人的整体素质和精神面貌得到了迅速的提升。如今，对教育的重视是举国上下的共识。教育是党之大计、国之大计，是兴国之本，是民族振兴、社会进步的基石，是提高国民素质、促进人的全面发展的根本途径。

在中国古代的改革家中，王安石非常重视教育领域的革新。在改革考试制度时，他从"通经致用"的角度出发，取消诗赋、帖经、墨义，专以经义、论、策取士，强调考试内容的实用性。同样，在教育内容上，王安石也能从实用主义的角度出发，认为学校的教学应该以那些有助于更好地治理国家，安定天下的内容为主，这体现了王安石强烈的现实情结和为促进社会变革所做的积极努力。

中国历来重视学习与报国之间的关系，从孔子的"士不可不弘毅，任重而道远"强调文人士大夫的社会担当，到唐代陈子昂的"感时思报国，拔剑起蒿莱"，明代东林党人的"家事国事天下事，事事关心"，周恩来总理的"为中华之崛起而读书"等，都揭示了爱国主义精神在中华大地的血脉相承。当前，中国在高等教育领域积极开展的"新文科"教育等一系列的改革举措，也彰显了学以致用、学以济世的价值指向。

穷〔1〕则独善其身，达〔2〕则兼善天下。

——战国·孟轲《孟子·尽心上》

注释

〔1〕穷：窘困，不得志。

〔2〕达：得到显要的地位。

译文

穷困便独善其身，得意便兼善天下。

解析

人的一生不可能一帆风顺，事事如意，免不了要面对"穷"与"达"的二元对立。那么，如何在"穷"与"达"的张力中保持自得其乐的人生境界呢？孟子主张"穷不失义，达不离道"。用儒家思想中的道义来面对"穷"与"达"的对立。在孟子看来，无论是"穷"或"达"，只要不失去道义，就能够收获快乐。同时，从"修身、齐家、治国、平天下"的角度出发，孟子将个人的自我修养与广大百姓的福祉紧密结合起来，认为，"古之人，得志，泽加于民；不得志，修身见于世。"如果"不得志"，个人境遇窘困，那么就专注于个人修养，成就自己；一旦"得志"，达到了显要的位子，那么就要为天下苍生服务，成全他人。"穷"与"达"既是矛盾的对立面，同时又有一定的联系。在"穷"时，只有坚持"修身"，自我完善，才有可能走向"显达"。

是独善其身，还是兼善天下，在现实与理想之间应该做何选择？唐代诗人白居易将"穷则独善其身，达则兼善天下"的思想发展为"志在兼济，行在独善"。他的诗中，既有心怀天下的讽喻诗，也有吟玩性情的闲适诗。兼济天下，是他的终生追求；独善其身，是他的行为方式和处世原则。白居易对独善与兼济的权衡和抉择，不失为一种面对"穷"与"达"矛盾的理智退让和现实选择。

穷与达之间，不是一成不变，而是在一种动态变化的过程，其中人的主观修养和行动力至关重要。"君子固穷，小人穷斯滥矣"，强调应该像君子一样，在面临窘境和不得志的时候，能够坚持操行而不改变本心。当身处"达"境之时，也能做到不迷失，不忘"兼济天下"。

第二篇

致用

实事求是，是中国共产党的鲜明特质，也是当代中国尤其重视的优良作风。回望中华优秀传统文化，能够清晰地看到学以致用是中华文化中一条清晰的脉络。我们注重脚踏实地，注重日常积累，注重生生不息地坚持，注重学习的应用与结果，反对空谈与耍花样的做派。中华儿女勤劳勇敢的民族性格，正得益于有求真、务实、致用优秀品格的支撑。

观乎人文 〔1〕，以化 〔2〕 成天下。

——先秦《周易·贲卦·象传》

注释

〔1〕人文：刚柔交错，天文也；文明以止，人文也。刚柔交错为自然特性，称之为天文；对人创造的文明进行适度的把握，称之为人文。

〔2〕化：教化，感化。

译文

观察人类文明的进展，就能用人文精神来教化天下。

解析

"观乎人文，化成天下"是指要观察人类社会的变化，掌握其规律，继而能改造社会、教化众生。人文通常是指人类社会的各种文化现象，人文精神是一种普遍的人类自我关怀，表现为对人的尊严、价值、命运的维护，以及对全面发展的理想人格的追求与塑造。人文的作用在于化成天下，特点是常新。"人文化成"在于"循天道，尚人文""致中和，得其分""崇礼乐，赞化育"，即以"人"为本的人文倾向，以"止"为度的中和境界和以"化"为用的美育工夫。

《周易》与《尚书》《诗经》《礼记》《春秋左传》并称为"五经"，是儒家经典的重要组成部分。《周易》以其统一宇宙的本体现及深厚的人文精神，常被认为是中国传统文化的源头活水之一。儒家经典以其丰富的内涵和"积极入世"的实践精神，成为五千年来奠定民族习性，规范文化特征的重要力量，也是新时代文化传承和文化建设的坚实依据。文化，以文化之，既强调掌握规律又强调应用，在认识和行动两个层面是一个有机统一体，这句话常被认为是"文化"一词的由来。

满招〔1〕损，谦受益。

——先秦《尚书·大禹谟》

注释

〔1〕招：招致，导致。

译文

自满于已取得的成绩，将会招来损失和灾害；谦虚而时时弥补自己的不足，就能因此而得益处。

解析

此句原文为："满招损，谦受益，时乃天道。"《周易》谦卦云："天道亏盈而益谦；地道变盈而流谦；鬼神害盈而福谦；人道恶盈而好谦。"天道减损满的补充不足的，地道变易盈满的而流注低下的，鬼神祸害满盈的而福庇谦损的，人道是讨厌自大而喜好谦虚的，故满招损谦受益是天道的常理。此句后来常用以劝谦，提醒人们不可过于骄傲，而应该务实、敦行，时刻保持一种向上进取的姿态。这与《诗经·小雅·小旻》里说的"战战兢兢，如临深渊，如履薄冰"有相似的逻辑，强调始终要保持紧张和警惕之心，始终保持对外界的敬畏之心，如此方能行稳致远。

《尚书》，最早名为《书》，五经之一，又称《书经》。分为《虞书》《夏书》《商书》《周书》。书名之"尚"有三种理解，第一种认为"尚"即"上"，"尚书"即为上古之书；第二种认为"尚"为"崇尚"，"尚书"即为人们所崇敬的书；还有一种认为"尚"为"君上"，

79

"尚书"是对君王言论的记载。

  《尚书》是中国封建社会的政治哲学经典,文章以散文的形式记录帝王言行,用天命观念解释历史兴亡,为现实提供借鉴。《尚书》中的很多思想都具有进步意义,比如书中主张德治,重德并敬民,对后世乃至现代国家治理有着深刻的指导意义。

路曼曼〔1〕其修〔2〕远兮，吾将上下而求索。

——战国·屈原《离骚》

注释

〔1〕曼曼：即"漫漫"，形容距离远或时间长。

〔2〕修：指长。

译文

前面的道路漫长遥远无边啊，我将上天入地不断地寻找追求。

解析

屈原出身于楚国的大贵族家庭，是战国时期著名的诗人、政治家，是中国浪漫主义文学的开端者。屈原在中国是耳熟能详的人物，他对中国文化的贡献，既包括对于浪漫主义诗歌的开拓，也包括对节日民俗中端午节的深远影响。人们通常认为端午节这一天吃粽子、划龙舟等一系列的民俗活动，主旨之一就是为了纪念这位伟大的爱国诗人。

《离骚》以诗人自述身世遭遇和心志为中心，前半篇倾诉诗人对楚国命运和人民生活的关心，以及坚持理想、绝不向黑暗妥协的意志；后半篇通过神游天界、追求理想和失败后欲以身殉的陈述，反映出诗人热爱楚国和人民的思想感情。在本句中，对于"上下而求索"的对象，历来有三种理解，一是指志同道合的贤人；二是指贤君；三是指天帝之所在。

对于"离骚"一词，也存在不同的理解，举例如下：第一种认为，"离"是遭受，"骚"是忧患，离骚即为遭受忧患；第二种认为"离"是别，"骚"是愁，离骚即为离别的忧愁；第三种认为，"离"是畔，"骚"是愁，离骚即为散去的忧愁；第四种认为，"离骚"是牢骚的古语；第五种认为"骚"为地名，即蒲骚，离骚即为离开蒲骚所作。由于时间跨度久远，屈原用"离骚"一词的真正意图已经无从确证，但是从他一生的经历来看，在列强并起，秦国统一六国的大历史背景中，他对楚国日渐衰落、国运走下坡路的担心是非常敏锐的。本句中的"求索"，是屈原一生不断奋斗、不断实践的生动概括，后来成为一种精神的代称，为后代文人士大夫所推重。

苏〔1〕世独立，横而不流〔2〕。

——战国·屈原《橘颂》

▌注释▌

〔1〕苏：苏醒，指对浊世有所觉悟。

〔2〕不流：不随波逐流。

▌译文▌

独立于世，保持清醒；横立水中，不随波逐流。

▌解析▌

《橘颂》即为对橘的美好品德的称颂赞美，是我国文学史上第一首文人咏物诗。屈原借歌颂橘，表达自己不与世俗同流合污的清醒人格。因为橘树"受命不迁，生南国兮，深固难徙，更壹志兮。"从屈原的人生经历，能看到他对这种独立精神的追求，晚年在楚国国都被秦军攻破之后，他选择了投汨罗江以身殉国，也是因为其不妥协的强烈个性。

屈原以及楚辞，是楚文化的代表。楚文化与中原文化不同，它以江汉地区为中心，根植于原始宗教、巫术、神话的沃土，具有浓郁的南国色彩。楚地多民族共存，在秦代以前地区封闭性强，楚人畏鬼而信祀，因此楚文化具有强烈的宗教神巫性，充满古老的东方浪漫主义。楚民族自强不息、坚韧不屈的民族气节又赋予楚文化卓绝独立的气质和爱国主义精神。

由于是楚国的大贵族家庭出身，屈原对楚文化的理解是非常深

经世致用　知行合一

刻的，他不仅是当时文化上的集大成者，也曾担任三闾大夫等重要的职务，对楚国的内政外交、国家大事有深度的参与，但正是在这过程中，他被同僚排挤，被一批贵族构陷和诽谤，他和楚怀王原本亲密无间的关系也渐渐疏远，变得郁郁不得志。只有理解了他的文化渊源，以及人生中重要的为官经历，才能对他晚年为什么走上投江之路有清晰的认识。

故木受绳〔1〕则直，金〔2〕就砺〔3〕则利，君子博学而日参〔4〕省乎己，则知明而行无过矣。

——战国·荀子《荀子·劝学篇》

注释

〔1〕受绳：经过墨绳校准。

〔2〕金：指金属制作的刀剑。

〔3〕砺：磨刀石。

〔4〕参：即三，多次。

译文

所以木材经过墨绳校准加工以后才能变直，金属刀剑在磨刀石上磨过才会锋利。君子广泛地学习且每天对照检查自己，就能智慧明达，行动不会犯错误了。

解析

客观物品如木材、刀具等经过加工改造可以改变形状、提升性能，或者产生新的用途，同样的道理，一个人也需要进行广泛的学习，吸取知识，培养品德，锻炼能力，并不断自我总结反省，才可以成为有才干、有品德，时刻适应社会发展的真正人才。

荀子名况，战国后期的赵国人，是儒家学说的继承者，他主"性恶"论，特别强调后天学习的重要性，提出了人定胜天的思想，反对宿命论，持有万物遵循自然规律运行变化等朴素唯物主义观点。在政治理论上，他强调"天下为一"，吸收儒家之"礼"和法家之"法"，礼法兼用。

　　如果要与人性中的弱点做斗争，就必须要坚持学习，不断在行动中反思和提升。这些思想集中体现在《荀子》一书中，该书有32篇，集中记录了先秦著名思想家荀子的言论，是战国后期儒家学派最重要的著作。《荀子》的文章论题鲜明，结构严谨，说理透彻，常用排比句增强议论的气势，语言富赡警炼，有极强的感染力。荀子的理论思想和价值观念，不论时代如何发展变化始终都具有长久的指导意义。

故不积跬步〔1〕，无以至千里；不积小流，无以成江海。

——战国·荀子《荀子·劝学篇》

注释

〔1〕跬步：跬，指半步；跬步，即半步。

译文

所以不积累半步的行程，就没有办法到达千里之远；不积累细小的流水，就没有办法汇成江河大海。

解析

千里之行，始于足下。即使最短的路程，不迈出行动的脚步也不会到达；即使最小的事情，不开始实践也不会完成。注重从平时的些微细节出发，强调坚持不懈的实践，强调学习要与实践相结合，这是中华优秀传统文化中的重要组成部分。刘备晚年曾告诫自己的儿子"勿以恶小而之为，勿以善小而不为"，也是同样的道理，都是在强调防微杜渐，从小处着手严格约束自己的行为。新时代需要有理想、有学问、有才干的实干家，只有积极行动，点滴积累，以严谨务实的态度，脚踏实地，实干苦干，才能成就一番事业。

《劝学》一篇强调后天学习的作用，推行"假于物"的观点，突出教育与学习的重要性。在儒家传统思想中，荀子"性恶"论与孟子"性善"论并非是直接对立的人性理论。孟子的"性善"论基于形上学意义，"性"的基本含义为"人之所以为人者"。荀子"性恶"

的含义则指的是人的自然情欲本身没有善恶概念，但若自然情欲不受节制将会导致恶，因此，人需要坚定心志，增强后天学习，追求礼义道德，修养身心。

道虽迩〔1〕，不行不至；事虽小，不为不成。

——战国·荀子《荀子·修身篇》

注释

〔1〕迩：意为距离近，与"遐"反义。

译文

再近的路，不走也不会到达；再小的事情，不实际去做也不会成功。

解析

在《荀子》一书中，《修身篇》专论道德修养，强调将礼法作为修身治国的准则，并提出要想达到礼义要求，一方面要发挥主观能动性，自觉努力；另一方面则需要良师教化。在修养身心的时候，不但要注重养心，也要注重自我反省，更要以持之以恒的专注态度，从小事做起，不断积累经验，达到后天德行的养成。

先秦儒家修身注重内仁外礼，以"穷则独善其身，达则兼济天下"为价值目标，博学、思考、内省、改过、慎独、力行相结合，达到内圣外王的理想境界。置之于当代中国，修身思想对社会精神文明建设具有重要参考价值，可为我们解决自身和社会问题提供智力支持和精神指导。

知识的掌握、道德的培养、身心的修行都要通过行动来完成。这一点在中国早期思想家中被广为推崇。《晏子春秋》中记载了一段类似的对话，梁丘据对晏子感叹说："我这辈子是赶不上您了"，晏子的回答与荀子这句话有异曲同工之妙，他说"为者常成、行者常至"，意思是努力作为的人常常能够成功，行而不倦的人常常能够抵达终点，我和别人并没有什么不同，如果能做到常为、常行，赶上我有什么难的呢？晏子与梁丘据的这段对话，可以说与荀子的想法高度一致，体现了中国人对积极行动、努力践行的积极品格的广泛赞赏。

谋〔1〕无主则困，事无备则废〔2〕。

——战国·管仲《管子·霸言》

注释

〔1〕谋：谋划，谋事。

〔2〕废：失败。

译文

谋事无主见则陷于困境，举事无准备则归于失败。

解析

管子，即管仲，春秋时期法家代表人物。齐桓公元年，管仲担任国相，对内大兴改革、富国强兵；对外尊王攘夷，九合诸侯，一匡天下，被尊称为"仲父"。管仲后来常常被认为是为臣为相、建功立业的模范，诸葛亮等后来许多的名臣都曾以他为榜样。他的主要思想，记录在《管子》一书中，一般认为这部书是管仲言行的记录，也有人认为是后人托名。在他的辅佐下，齐国成为当时的一大强国，因此后来孔子说"微管仲，吾其被发左衽矣"，意思是如果没有管仲，我们这样的人搞不好早已成为披头散发、左开衣襟的野蛮人了。管仲不仅给后世留下了与鲍叔牙的管鲍之交的传说，成为朋友之间友谊的典范，最重要的是他在当时给齐国定下了尊王攘夷、发展经济等一系列战略方针，让齐国国力强盛起来。

谋事须有主见，举事要有策略。管仲之谋是齐国称霸春秋的致胜武器。《霸言》篇中，管仲提出以民为本的思想，明确指出"争

经世致用　知行合一

91

天下者必先争人",制定富民政策。管仲认为,智者善谋,谋划得当可因势利导甚至以弱胜强,其理论中包含丰富的辩证思想。

管子德治与孔孟仁政有一定的区别:管子的人性论是利用人的趋利避害本能,孔孟从人性善出发;管子注重法治,孔孟以教化助治理,以恢复礼乐制度求秩序;管子的德治目标是治国,政治性强,孔孟的仁政则更具有道德理想主义。尤其管子的经济思想,在许多地方有其先进性,比如他强调以国家权力来保障公平的交易,努力缩小社会的贫富差距,等等。管子还具有鲜明的生态意识,重视自然规律,山林的开采、捕鱼狩猎都强调要有节制、遵循自然规律。这些闪耀着思想之光的论述,对今天中国的发展仍然具有借鉴意义。

老骥〔1〕伏枥〔2〕，志在千里。烈士暮年，壮心不已。

——三国·曹操《步出夏门行·龟虽寿》

注释

〔1〕骥：良马，千里马。

〔2〕枥：马槽。

译文

年老的千里马虽然伏在马槽旁，雄心壮志仍是驰骋千里。壮志凌云的人士即便到了晚年，奋发思进的心也永不止息。

解析

《龟虽寿》是曹操所作乐府组诗《步出夏门行》中的第四章，是曹操众多名篇中被广为传颂的之一。龟，即神龟，传说中能通灵的龟，寿命长达几千岁。京剧等戏曲艺术中常用白脸来诉说曹操的奸诈，这一点与历史事实有所不符，事实上曹操是东汉末年杰出的政治家、军事家、文学家、书法家，三国中曹魏政权的奠基人。曹操的形象，由于封建时期正统观念的影响，从唐朝之前的豪杰演变为南宋往后的欺世奸雄，新中国成立后历史学界重新确立了曹操的正面形象。文学艺术界由于《三国演义》等传世经典的影响，让曹操从历史人物演化为文学典型，故其仍基本保留着奸雄形象。由于《三国演义》和戏剧的广泛传播，曹操"宁使我负天下人，休教天下人负我"以及"梦中杀人"等言语故事，给人留下了自私奸猾的印象，这对于历史上的曹操形象是一种干扰。

经世致用　知行合一

中国文学史上有"三曹"之称，即曹操、曹丕、曹植父子三人。曹操的诗语言简朴古直，有阳刚之气；曹丕的诗语言清丽秀美，具阴柔之貌；曹植的诗情文并茂，骨气奇高，调和浑然。

文学家族在中国古代文学史上并不稀缺，但文学成就如三曹这般高的屈指可数。在这几句诗中，年过半百的曹操以政治家的气魄，讲述着一颗澎湃之心的律动。"老骥伏枥"从此成为老而有为的一种代称，成为许多中国老人所钟爱和向往的一种境界。

老当益壮〔1〕，宁移白首之心？穷且益坚，不坠〔2〕青云之志〔3〕。

——唐·王勃《滕王阁序》

注释

〔1〕老当益壮：年纪虽老去，但人的志气更旺盛，干劲更足。《后汉书·马援传》云："丈夫为志，穷当益坚，老当益壮。"

〔2〕坠：坠落，引申为"放弃"。

〔3〕青云之志：指远大的志向，引用《续逸民传》："嵇康早有青云之志。"

译文

年纪虽然老了，但志气应当更加旺盛，怎能在白头时改变志向？境遇虽然困苦，但应当更加坚定，决不能抛弃自己的凌云壮志。

解析

王勃是初唐诗人，与杨炯、卢照邻、骆宾王并称为"初唐四杰"，他出身名门，他的爷爷王通是当时的大儒，遗憾的是王通寿终之时才三十多岁，但仍然教出了一批著名的弟子，产生了巨大的影响。自小饱读诗书的王勃，擅长五律和五绝，主要文学成就是骈文。骈文，通俗来讲，即文章要求以偶句为主，讲究对仗和声律，需要使用典故，讲求辞藻华丽。王勃擅长巧用长短句，使骈文有散文之轻快，注以清新之气，创造出气象高华、神韵灵动的时代风格。

王勃少年即有大才，可惜的是 27 岁时在渡海路上不慎溺水身亡。他在路过南昌时，留下名篇《滕王阁序》，其中还有经典名句"落霞与孤鹜齐飞，秋水共长天一色"。该句从庾信《射马赋》中"荷花与芝盖齐飞，杨柳共春旗一色"一句脱胎翻新而出。其中"与"和"共"两个虚词，如若删除，看似精练，实则使原句紧凑急迫，失去从容大气之感。

写作本篇时，王勃正值青年，但他笔下写出了老当益壮，写出了理想之树长青、奋斗之路常在。王勃此语与曹操在《步出夏门行·龟虽寿》所述"老骥伏枥，志在千里。烈士暮年，壮心不已"有异曲同工之妙。

先〔1〕天下之忧而忧，后〔2〕天下之乐而乐。

——宋·范仲淹《岳阳楼记》

注释

〔1〕先：在……之前。

〔2〕后：在……之后。

译文

在天下人担忧之前先担忧，在天下人享乐之后才享乐。

解析

范仲淹是北宋初年政治家、文学家，他不仅担任参知政事等重要职务，位极人臣、政绩卓著，而且在文学方面成就突出，诗、词、文都有名篇名作传世。

此句为用典，典故出自《孟子·梁惠王章句下》中《齐宣王见孟子》，原文为："齐宣王见孟子于雪宫。王曰：'贤者亦有此乐乎？'孟子对曰：'有。人不得，则非其上矣。不得而非其上者，非也；为民上而不与民同乐者，亦非也。乐民之乐者，民亦乐其乐；忧民之忧者，民亦忧其忧。乐以天下，忧以天下，然而不王者，未之有也。'"孟子与齐宣王的这番对话，强调君主与民同乐，忧民之所忧的重要性。范仲淹在《岳阳楼记》中，将同样的意思讲述出来，则体现出士大夫阶层的一种高度责任感。

千百年来，中国总是有一批先进分子，他们把国家和民族的利益摆在首位，为祖国的前途和命运担忧分愁，为百姓的幸福而努力

经世致用　知行合一

奋斗。范仲淹的这句话常常被后来者引述，作为座右铭，时刻提醒自己要担负起对国家和民族的责任感与使命感。范仲淹所表达的忧患意识贯穿古今，前有屈原、孟子等，后有顾炎武、林则徐等人，一路走来，在中华大地生生不息。

忧劳可以兴〔1〕国，逸豫〔2〕可以亡身。

——宋·欧阳修《新五代史·伶官传序》

注释

〔1〕兴：使……兴旺。

〔2〕逸豫：安闲快乐。

译文

忧虑劳苦可以振兴国家，图享安逸必定招致灭亡。

解析

伶官指的是宫廷中的乐官和授有官职的演戏艺人，《新五代史·伶官传序》乃北宋著名文学家、史学家欧阳修所作，他在此文中通过分析五代时期的后唐盛衰过程，讲述李克用仅在位三年，就躺在功劳簿上贪图享乐、宠信伶官，很快国破身亡，以此说明国家兴衰败亡不由天命，而是取决于"人事"。欧阳修写作此文的目的，是希望能告诫当时北宋王朝执政者要以史为鉴，务必不要纵欲骄奢，而应该注重从小处预防，做到防微杜渐。

在唐宋八大家中，宋代有六家，其中欧阳修是非常关键的人物，"三苏"、曾巩都曾受到他的极大影响，王安石比他小十几岁，也属于晚辈后学。欧阳修在北宋初期承前启后，一方面继承并发展了唐代韩愈的古文理论，同时也领导了北宋诗文革新运动。通过主持科举、选拔官员等形式，欧阳修提携了一大批仁人能士，苏轼苏辙兄弟、曾巩便是其中的杰出代表。

　　此句展现古代思想家的天人观念和忧患意识，当周朝由盛至衰，天命观受到冲击，以德配天理念被提出，思索天人关系的古代思想家萌发忧患意识。在百家争鸣阶段，孔子忧道，墨家忧世，法家忧天下，在之后的漫长历史中，忧患意识不断发展。"五四"运动以来，以中国共产党人为代表的当代中国人怀着强烈的忧患意识，开拓进取，为实现中华民族伟大复兴不懈奋斗。

海纳百川，有容乃大〔1〕；壁立千仞〔2〕，无欲则刚。

——清·林则徐手书总督府衙堂联

注释

〔1〕有容乃大：引自《尚书·君陈》："有容，德乃大"。

〔2〕千仞：仞，古代长度单位，周制八尺，汉制七尺。引申义是测量的深度。千仞，形容高度极高。

译文

大海可以容纳千百条河流，因为它有宽广的胸襟才如此博大。悬崖绝壁能够直立千丈，是因为它没有过分的欲望，才如此挺拔刚硬。

解析

林则徐出生于福建福州，这位后来以禁烟闻名的清朝政治家、思想家，同时也是一位诗人，他一生曾在北京、江苏、广东、新疆等多地为官，可谓纵横南北，始终能做到造福一方，颇有政声。他受命在广东查禁鸦片，由此拉开了近代中国的大幕。中国近代史从1840年开始，林则徐是其中一个绕不开的重要人物。

上联表示要有海一样的宽宏胸怀。海之所以浩瀚广大，在于能容纳所有水流；人的德行要广大，也要像海一样胸怀广阔。下联则表明立身办事的坚定心志。只有突破俗欲的纠缠，摆脱多余的情感桎梏，才能养成至刚至阳的人格。

上下联的最后一字"大"与"刚"，来源于《孟子·公孙丑上》，

经世致用　知行合一

原文如下："'我知言，我善养吾浩然之气。''敢问何谓浩然之气?'曰:'难言也。其为气也，至大至刚；以直养而无害，则塞于天地之间。其为气也，配义与道。'"孟子以"至大至刚"来形容"浩然之气"，认为这种气必须和"道""义"相结合。孟子的"浩然之气"既是正大刚直的精神，同时也合乎道义的气节。林则徐引用此典，表现其凛然浩大的胸怀和坚定刚强的志向。

曾子曰："士不可以不弘毅〔1〕，任重而道远。仁以为己任，不亦重乎？死而后已，不亦远乎？"

——《论语·泰伯》

注释

〔1〕弘毅：刚强、勇毅。

译文

曾参说："读书人不可以不刚强而有毅力，因为他责任重大，前路遥远。以仁德作为自己的责任，这不是责任重大吗？到死才终止，这不是路途遥远吗？"

解析

曾参和他的父亲曾点，都是孔子的学生。曾点曾经在侍坐孔子时，以其应答博得孔子赞许。曾参是孔子晚年教授的学生，为人朴实鲁钝，但他勤勉好学，终成一代儒学大师。《韩非子》中记载了曾子杀猪的故事，讲的是他的妻子要去赶集，孩子想跟着去而哭闹，妻子随口说你在家等我回来，回来给你杀猪吃肉。等妻子回来时，发现曾子已经在磨刀霍霍，抓住一头猪准备宰杀，妻子忙说我刚才是哄孩子随便说的，曾子说：小孩子是不能哄骗的，因为小孩子凡事跟着父母学，现在哄骗孩子等于在教孩子骗人。于是，曾子把猪杀了。这是许多中国人非常熟悉的教育故事，也是曾子为人做事的一个很好的例证。

曾参在儒家具有很高的地位，位列孔子、孟子、颜回之后，与

经世致用 知行合一

这三人合起来，称为"四圣"。曾子有极其强烈地践行仁德的意识，他以仁德作为自己的责任，对自己严格要求，树立起刚强不屈的人格。他恪守孔子的教导，真正做到了死而后已，他病重卧床之时，让弟子掀开被子查看自己的手和脚，很欣慰地说自己的身体发肤不会再有毁伤了，这说明他一直牢记孔子的教导的"受身体于父母，不敢毁伤"。这种严格的自律，是曾参成为儒学大师的关键。

子曰："笃信好学，守死善道。危邦不入，乱邦不居。天下有道则见〔1〕，无道则隐。邦〔2〕有道，贫且贱焉，耻也；邦无道，富且贵焉，耻也。"

——《论语·泰伯》

注释

〔1〕见：同"现"，出现。

〔2〕邦：国家。

译文

孔子说："坚定地相信我们的道，努力学习它，誓死保卫它。不进入危险的国家，不居住于动乱的国家。天下太平，就出来工作；反之，就安心隐居。国家有道，自己贫贱，是耻辱；国家无道，自己富贵，也是耻辱。"

解析

在道与行之间，孔子以出仕为例，讲述两者的相对关系，孔子曾经说："用之则行，舍之则藏。"国家要重用我，我就努力工作；国家丢弃我，我就隐藏起来，这就是儒家讲究的用舍行藏。当然，孔子认为自己并不是任凭国家摆布，他对于是否出仕，还有自己的一套准则。国家太平而有道，此时就应该积极工作，这符合所谓"达则兼济天下"；国家动乱之时，隐藏起来，韬光养晦，保全性命，所谓"穷则独善其身"，但是韬晦是为了保命，不做无谓的牺牲，最终目的依然是等待时机，到国家政治恢复清明之时，积极入世。国家有道，如身处贫贱的境地，那意味着自己德才不足；国家无道，如积极追求富贵，那是与统治者同流合污，这都是为孔子所鄙夷的。

在今天"危邦不入，乱邦不居"对外交领域以及公民出行仍有着一定的指导意义。随着中国的不断发展，许多中国公民的足迹和事业遍布全球各国。这些国家并非都是太平国度，战乱时有发生。中国近年来在少数国家的撤侨行动，展示出国家对每一个中国公民人身安危的关注。

子曰："后生可畏〔1〕，焉〔2〕知来者之不如今也？四十、五十而无闻〔3〕焉，斯亦不足畏也已。"

——《论语·子罕》

注释

〔1〕畏：畏惧。

〔2〕焉：怎么。

〔3〕闻：有名望。

译文

孔子说："年轻人是值得畏惧的，怎么就能断定他的将来赶不上现在的人呢？一个人到了四五十岁还没有名望，那他也就不值得惧怕了。"

解析

中华民族自古以来就有尊老敬老的传统，这本来是好事，但有时也会导致轻视年轻人的倾向。老话讲的"嘴上无毛，办事不牢"，就体现了人们对年轻人的不放心。长相年轻，有时候反而会让人觉得不可靠。比如北宋时期的名臣寇准，很受皇帝赏识，皇帝也想重用他。但是，当时寇准只有三十多岁，显得过于年轻、难以服众。于是，寇准自己找了一个办法，服用中药使胡须头发变白一点，让自己显得老成一些。

孔子作为卓越的思想家，两千多年前就明确提出"后生可畏"的观点，年轻人潜力无限，假以时日，定能超越前辈。长江后浪推前浪，一浪更比一浪强。正如毛泽东寄语青年人："世界是你们的，也是我们的，但是归根结底是你们的。你们青年人朝气蓬勃，正在兴旺时期，好像早晨八九点钟的太阳。希望寄托在你们身上。"但是，时代发展到今天，有部分年轻人面对人生道路上即将扑面而来的困难，感觉没有上升空间，萌生躺平的想法。其实，我们只需要简单回顾一下中国历史就知道，每一代人都有其肩负的任务，每一代人都有需要完成的历史使命，孔子和毛泽东的金句将鼓舞激励无数青年人奋勇向前，完成中华民族伟大复兴的历史使命。

孔子的另外一种说法，则是在给年轻人敲警钟，如果一个人到了四五十岁还没有什么成就，那么按照当时人生七十古来稀的说法，岁月不待人，这个人大概率来说很难再有什么成就了，因此孔子说这样的人也就没有什么好畏惧的。这是孔子从另外一个角度在鞭策年轻人，应该珍惜时光，积极进取，并要对人生有所规划，为了既定目标而孜孜奋斗。

子曰："知〔1〕者不惑，仁者不忧，勇者不惧。"

——《论语·子罕》

注释

〔1〕知：通"智"，智慧、聪明的意思。

译文

孔子说："聪明的人没有疑惑，仁德的人不会忧虑，勇敢的人无所畏惧。"

解析

《中庸》中说"知、仁、勇三者，天下之达德也。"达德，就是最高的道德标准。对一个人来说，能够成为"知者"、做一个聪明的人，遇到事情不会疑惑，因为他具有很强的认知能力和广博的知识储备，明白事情的本质和规律，能采取最合适的方案去处理问题，而无知的人，遇到事情就无计可施，凭本能做事，往往会把事情弄得糟糕透顶。"仁者不忧"，"仁"是孔子思想的核心，仁德的人不会有忧虑，因为他不计较个人得失，只想着为天下苍生谋福利。不仁之人的胸襟格局狭小，只愿意为自己谋取私利，就如同秦国丞相李斯那样，虽然是大儒荀子的学生，但他的人生体悟是："诟莫大于卑贱，而悲莫甚于穷困"，所以李斯不择手段追求高官厚禄，最后被功名利禄反噬。"勇者不惧"，勇敢的人无所畏惧，勇敢的人敢作敢为，面对艰难险阻绝不退缩。当然，勇敢并不是蛮干，《论语·述而》："子曰：'暴虎冯河，死而无悔者，吾不与也。必也临事而惧，好谋而成。'"可见，孔子反对没有周密准备的蛮干，他主张的勇敢是和智谋紧密结合的，推崇的是有勇用谋。

关于仁、知、勇，孔子还多次提及，《论语·宪问》："子曰：'君子道者三，我无能焉，仁者不忧，知者不惑，勇者不惧。'子贡曰：'夫子自道也。'"孔子谦虚地表示自己还没有达到"仁、知、勇"这三项道德水准，但他的得意门生子贡认为孔子是当之无愧的。

子曰："其身正，不令〔1〕而行；其身不正，虽令不从。"

——《论语·子路》

注释

〔1〕令：下令、发令

译文

孔子说："统治者本身行为正派，不发命令，事情也能执行下去；统治者本身行为不正派，即使发布命令，百姓也不会服从。"

解析

自人类社会形成以来，所有的文明形态里，都会在各类群体中形成领导群体，产生领导人。一个领导人如何有效施政，让大家服从自己？孔子给出的答案，核心是以身作则，于是才有了"其身正，不令而行；其身不正，虽令不从"。领导人必须行为正派，在群体中起到表率作用，才能建立起威望，得到大家的一致拥护。

正人先正己，治国先齐家。中国传统观念中，"身正"是对个人内在修为与外在形象提出的严格要求，"身正"方能影响身边的人，推而广之，才能很好地治理社会、治理国家。

对任何一个组织来说，执行力都是重要的核心能力。汉代著名将领李广就是"其身正，不令而行"的典型人物，他对待士兵非常宽厚，遇到缺水少粮的地方，士兵没有完全喝到水，他就不碰水；士兵没有完全吃上饭，他就不吃饭，他如此体恤下属，下属就拥护爱戴他，为他所用。李广被逼自杀后，天下人都为他哀痛，可见他

经世致用　知行合一

111

是多么得人心。2021 年媒体报道了卫国戍边英雄团长祁发宝的事迹，其中也提到团里不成文的规定"对峙时干部站前头、战士站后头，吃饭时战士不打满、干部不端碗，野营时战士睡里头、干部睡风口。"可以说是对解放军指战员身先士卒的生动写照，正因有许许多多坚守原则，身先士卒的带兵者，我们的队伍才会团结如一人，爆发出强大的战斗力。

子曰："君子求〔1〕诸〔2〕己，小人求诸人。"

——《论语·卫灵公》

注释

〔1〕求：责备、责求。

〔2〕诸：之于。

译文

孔子说："君子要求自己，小人要求别人。"

解析

　　"君子"是孔子心目中的理想人格，君子和小人在为人处世上有什么区别？孔子认为，"君子求诸己，小人求诸人。"也就是说，君子严于律己，宽以待人，小人则严于律人，宽以待己。君子做了错事，往往会检讨自身的不足，以便下次改正；小人做了错事，则喜欢推卸责任，为自己开脱辩护，功劳都是自己的，过错都是别人的。这两种截然不同的为人处世的态度，会让君子不断砥砺自己的品格，提升自己的能力，臻于完美的人格；而小人则惯常性地沉浸在对他人的抱怨和指责中，逐渐堕落为让世人讨厌的人。

　　关于这个问题，孔子曾经说："君子病无能焉，不病人之不己知。"就是说，君子害怕自己没有能力，不害怕别人不了解自己。君子对自己要求很高，所以对自己的无能感到焦虑不安，但他对于别人如何评价自己，则毫不在意。即使自己的理想抱负不被当权者赏识，孔子仍坚持"不怨天、不尤人"的态度，只是慨叹"知我者，其天乎?"进而自我反思,提升修为。从古到今,无论是人与人之间,还是国与国之间,正确的相处之道都应是少一些无端指责,更多地检视自身的问题,发展好自己。

子贡问曰："有一言〔1〕而可以终身行之者乎?"子曰："其恕〔2〕乎! 己所不欲,勿施于人。"

——《论语·卫灵公》

注释

〔1〕言:话语、所说的话。

〔2〕恕:体谅,推己及人。《说文解字》中有"恕、仁也"。

译文

子贡问道:"有没有一句可以终身奉行的话呢?"孔子说:"大概是'恕'吧! 自己所不想要的事物,就不要强加给别人。"

解析

孔子把"恕"解释为"己所不欲,勿施于人",就是将心比心,推己及人,是孔子提出的处理人际关系的重要准则,是放眼全球伦理的黄金法则,也是为全人类所认同的人际关系的准则。

孔子提出的这个准则,又叫"絜矩之道"。《大学》有详细的解释:"所恶于上,毋以使下,所恶于下,毋以事上;所恶于前,毋以先后,所恶于后,毋以从前;所恶于右,毋以交于左,所恶于左,毋以交于右。此之谓絜矩之道。"如果厌恶上司对你的某种行为,就不要用这种行为去对待你的下属;如果厌恶下属对你的某种行为,就不要用这种行为去对待你的上司;如果厌恶在你前面的人对你的某种行为,就不要用这种行为去对待在你后面的人;如果厌恶在你后面的人对你的某种行为,就不要用这种行为去对待在你前面的人；如果厌恶在你右边的人对你的某种行为，就不要用这种行为去对待在你左边的人；如果厌恶在你左边的人对你的某种行为，就不要用这种行为去对待在你右边的人，这就叫做"絜矩之道"。《大学》里之所以如此细致地解读这一道理，恰恰是因为它的极端重要性。

在现代词汇中，非常热门的"换位思考"，有着类似的意思。而"己所不欲，勿施于人"也常常用于外交领域，中国奉行独立自主的外交政策，因此强调世界各国无论大小一律平等，国际事务不应该由少数大国说了算，这些原则背后有中华文化的深层基因体现。

子曰："众恶〔1〕之，必察焉；众好〔2〕之，必察焉。"

——《论语·卫灵公》

注释

〔1〕恶：厌恶、憎恨。

〔2〕好：喜爱。

译文

孔子说："大家都厌恶他，一定要去考察他；大家都喜爱他，也一定要去考察。"

解析

孔子深谙为人处世之道，他的很多言论都对人具有极强的指导意义。孔子敏锐地注意到在对一个进行评价的时候，一边倒的意见往往难以涵盖复杂的人性。一个人行于世上，不可能做到没有错误，所谓"人非圣贤，孰能无过，过而能改，善莫大焉"。孔子认为，假如有这么一个人，大家都很厌恶他，都说他是坏人，那一定要细致考察，才能做出公正的评判。反之，假如有这么一个人，大家都喜欢他，都说他是好人，那也要仔细考察，才能得出正确的结论。孔子的这一见解，曾经被他做了引申发挥。子贡曾问孔子："全村的人都喜欢他，怎么样？"孔子否定了这样的人。子贡又问："全村的人都讨厌他，怎么样？"孔子还是予以否定。他提出好人的标准是"乡人之善者好之，其不善者恶之"。全村的好人喜欢他，坏人讨厌他，这样才是真正的好人。

真正的好人，必然是要坚持原则的，而不能是左右逢源、随波逐流之徒。孔子非常厌恶"乡愿"，他说这类人是"德之贼也"，是道德败坏之徒，表面来看他们像是好好先生，实际上这种人为人处世没有原则，避免冲突，从不得罪人，从结果上看，甚至他们能够做到高官厚禄，平稳度过一生。但孔子对这种人非常警惕，认为这种人对于群体而言，往往是有害无益，需要大家高度警惕。

子曰："道不同，不相〔1〕为谋〔2〕。"

——《论语·卫灵公》

注释

〔1〕相：相互。

〔2〕谋：商量、谋划。

译文

孔子说："所走的道路不同，就不必相互商量谋划。"

解析

　　人是群居动物，个体的力量是弱小的，集体的力量是无穷的。人类的协同合作，创造出光辉灿烂的文明，但是，我们的祖先很早就意识到群体的诉求各不相同，群体会有分歧，孔子指出："道不同，不相为谋。"只有三观（世界观、人生观、价值观）一致，志同道合，才能长久相处，共同创造美好的未来。如果在观念上有较大差异，即使短期内能协同合作，长远来看，由于不可调和的矛盾日益加深，迟早会分道扬镳。

　　孔子斩钉截铁地发出"道不同，不相为谋"的宣言，他是个言出必行的人，说到做到，他有个弟子叫冉有，是鲁国权臣季氏的家臣，季氏非常富有，冉有还替他搜刮民脂民膏，而孔子一向反对横征暴敛，主张藏富于民，因此，孔子对他非常不满，甚至宣布与他决裂，宣称："非吾徒也，小子鸣鼓而攻之可也。"孔子直接否定了他和冉有的师生关系，鼓动他的学生大张旗鼓攻击冉有。

　　《世说新语》曾记载过这样一个故事，汉末著名的隐士管宁年轻时曾和华歆一起在院子里种菜，看见地上有一片金子，管宁用锄头把金子锄到一边，就跟锄一片瓦、一块石头一样，毫不在意。华歆看到了金子，急忙把它捡了起来，随即又扔了它。又有一次，两人在一起读书，恰好有一队豪华的车马经过，管宁安坐读书，纹丝不动；华歆抛下书本，急忙跑出去围观，满是艳羡之情。见此，管宁用刀把二人之间的坐席割断，对华歆说："我们志向不同，你不是我朋友"。这就是"割席分坐"的故事，也是"道不同，不相为谋"的一个生动的例子。在革命时期，为反对共同的敌人，我们党和国民党曾二度合作，但是因为"道不同"，合作期间摩擦不断，最终走向分裂。

孔子曰："见善如不及，见不善如探^{〔1〕}汤^{〔2〕}；吾见其人矣，吾闻其语矣。隐居以求其志，行义^{〔3〕}以达其道。吾闻其语矣，未见其人也。"

　　　　　　　　　　　　　　　　　——《论语·季氏》

注释

〔1〕探：伸手摸、取。

〔2〕汤：开水、沸水。

〔3〕义：合宜的道德、行为。

译文

　　孔子说："看见善良，努力追求，好像怕赶不上似的；遇见邪恶，避之不及，好像把手伸进沸水当中。我看见过这样的人，也听过这样的话。避世隐居，以求保全他的志节，依义而行来贯彻他的主张，我听过这样的话，却没见过这样的人。"

解析

　　君子在修身养性的过程中，看见善行，马上就去行动，看见恶行，马上避开，正如刘备的名言："勿以恶小而为之，勿以善小而不为。"《周易》中说"积善之家，必有余庆；积不善之家，必有余殃。"吉凶祸福并非偶然发生，而是由所行善恶导致的。因此东汉思想家王符《潜夫论》中说"祸福无门，唯人所召"。孔子认为行善事、避邪恶君子一般人都能做到这一点，所以孔子说看过这样的人。

经世致用　知行合一

121

　　但是，另外一种人就不一样了。避世隐居，保全志节，依义而行，贯彻主张，这是非常高的要求，在实际生活中，人一旦隐居避世，脱离原有的社会规范，难免放浪形骸。入世者因为各种现实原因，往往要兼顾各方利益，不能坚持道义，所以孔子说，我听过这样的话，没见过这样的人。这里面有一个大的背景，就是人是社会的人，脱离了社会而谈论人生理想如同空中楼阁，不现实更无法实现。

孔子曰："不知命〔1〕，无以为君子也；不知礼，无以立也；不知言，无以知人也。"

——《论语·尧曰》

注释

〔1〕命：本意是用口发布命令，此处意为命运、天命。

译文

孔子说："不懂得命运，没法做君子；不懂得礼，没法立足于社会；不懂得分辨他人的言语，没法认识别人。"

解析

孔子认为，不懂得命运，无法做君子。所谓命运，是指生命当中的偶然性，非人力所能控制，难以预测，人生总会有这样那样的偶然性。君子要认识、懂得、重视这种偶然性，但更为重要的是，要发挥自己崇高、强大的主体性，从生命的偶然性中突围，重建生命的必然。君子绝不盲目顺从这种偶然性，所以，只有"知命"，才能"立命"。

孔子对言行礼法的重视以及对知行的强调，对后世产生了深远的影响，他所描述的君子诸多特质，被后世代代追随。具体到当下来说，一个人提升自我的修养，要看到自己身处的社会发展大趋势，清楚自己的定位与责任，进而了解社会运行的规则，同时熟练掌握表达的技术，以此来与他人沟通，了解他人的想法，这三者之间构成一种逻辑上不断具体化、互为补充的关系。《周易》中说"乐

天知命，故不忧"，能够认清时代发展的潮流趋势，是成为君子的
题中之意。

季路问事〔1〕鬼神。子曰："未能事人，焉能事鬼?"曰："敢问死。"曰："未知生，焉知死?"

—— 《论语·先进》

注释

〔1〕事：服侍、侍奉。

译文

子路问侍奉鬼神的方法。孔子说："活人还不能侍奉，怎么能去侍奉死人?"子路又说："我大胆地请问死是怎么回事。"孔子说："生的道理还没有弄清楚，怎么能懂得死?"

解析

古人认为人的肉体死亡之后，灵魂依然存在，就是鬼神，古人相信鬼神具有神秘的力量，会给人世间带来福祸，敬奉鬼神是长久的社会习俗。但是，孔子从来就不谈论怪力乱神。子路问他如何侍奉鬼神，孔子回避这个问题，他将这个话题转向侍奉活人，也就是专注于解决社会现实问题，如何把人世间的问题解决好，不必考虑鬼神这种虚无缥缈的事情。

孔子对鬼神的态度是"敬而远之"，尊敬鬼神却疏远它，不在鬼神这件事上耗费精力，他关注的焦点始终都是社会现实，这就是孔子思想的实践性品格。敬鬼神而远之的思想，对后世影响甚大。比如韩愈作为唐代大儒，同样也是这种思想的发扬者，在《谏迎佛骨表》中他大胆地提出舍利为"凶秽"，在《祭鳄鱼文》中公开对

经世致用　知行合一

125

鳄鱼宣战，都是这种思想的展示。

　　中国共产党成立以来，在马克思主义唯物论的指导下，对鬼神之事的认识提升到新的阶段。毛泽东主席是这方面的代表，他始终坚持敢于斗争，善于斗争，他曾说："蒲松龄告诉我们，不要怕鬼，你越怕鬼，你就不能活，它就要跑进来把你吃掉。我们不怕鬼，什么威胁都不怕……"在中国发展遇到严重困难时期，毛泽东指示中国社科院在 1961 年 2 月专门编辑了一本《不怕鬼的故事》，以鼓励广大人民群众认清楚不怕鬼也就没有鬼的道理，提升斗争的信心和勇气。习近平总书记在 2021 年秋季中央党校（国家行政学院）中青年干部培训班开班式上的讲话中，希望他们"不信邪、不怕鬼、不当软骨头"，与毛泽东主席强调的"不怕鬼"一脉相承。

或安〔1〕而行之，或利而行之，或勉强而行之，及其成功，一〔2〕也。

—— 《中庸》

注释

〔1〕安："安"字本意是"静"，此处意为安心。

〔2〕一：相同。

译文

有的人安然自得地去做，有的人因为有利才去做，有的人勉强自己努力去做，等到成功，都是一样的。

解析

《中庸》原本是《礼记》中的一篇，在宋元以后随着社会发展和思想界认识的深入，得到了高度的重视，开始与《大学》《论语》《孟子》一道位列"四书"，成为传统士大夫必须学习和掌握的经典著作。

在修身这个问题上，每个人的天赋秉性各不一样，圣人可以安然自得地做，因为他天性如此，修身是他发自内心的真实需求，不这样做他还觉得不自在。贤人知道这样做对自己、他人、社会都是有利的，就会因势利导去做，利益是非常强大的驱动力量，所以，贤人在修身问题上，也会比较顺利。普通人则是被外部压力催促，勉强自己努力去做。普通人在修身这条道路上，注定要付出更多的艰辛和努力，但是，不管初衷如何，只要修身成功了，都是一样的。

在认识的层面，《中庸》强调"好学近乎知，力行近乎仁，知耻近乎勇"，掌握了这三个方面，就找到了修身的要义。而在行动的层面，《中庸》强调差异性，也就是说"条条大路通罗马"，不同的人资质禀赋各有不同，但只要能够坚持践行、勤于修身，成功的结果并没有什么两样。

多闻识者，犹广储〔1〕药物也，知所用为贵。

——宋·杨时《河南程氏粹言·论学》

注释

〔1〕储：积蓄、贮藏。

译文

广泛涉猎，好比是储备各类药物，可贵的是知道它们的用途所在。

解析

相比较同时代的璀璨群星来说，杨时显得并不是那么光芒耀眼。杨时出身于弘农（今陕西华阴）的杨氏家族，但宋代不比唐代大家族势力庞大。他出生于 1053 年，卒于 1135 年，寿长 82 岁，可谓长寿。与同时代的名人相比，他比苏轼小 16 岁，比黄庭坚小 8 岁，他们所处的时代正值理学兴起，可以说杨时生活在北宋思想文化的巅峰时期，他多年从政，还是北宋时期著名的哲学家、文学家。

提到杨时，大家最熟悉的可能是著名的程门立雪故事，讲述的就是他和同学游酢，一起拜会当时的大儒程颐。当时杨时 40 岁，担任湖南浏阳县的知县，两人一起到程颐讲学的住处后，发现老师正在休息。他们没有打扰老师，而是选择站在门廊外等待老师醒来，当时正值大雪纷飞，等到老师休息好醒来的时候，两个满身皆白，地上的大雪足有尺厚，这一幕后来被称为"程门立雪"，成为千百年流传至今的尊师佳话。

　　杨时的教育思想重视培养"圣人"，注重至诚之心，注重践行，这句话正是对学以致用、对知识指导实践作用的强调。

君子之道，辟如行远必自迩〔1〕，辟如登高必自卑〔2〕。

——《中庸》

注释

〔1〕迩：近。

〔2〕卑：低下的地方。

译文

君子之道，就好像走远路一样，必定要从近处开始；就像登山一样，必定要从低处起步。

解析

任何伟大的目标，都是由无数个小目标积累而成，一个个小目标逐步实现，量变引起质变，就会促成伟大的飞跃。做事要遵守循序渐进的原则，不可好高骛远，不可急于求成，要脚踏实地，以水滴石穿的精神，一步一步实现目标，正如荀子所说："不积跬步，无以至千里；不积小流，无以成江海。"真抓实干、日积月累是走向成功的不二法门，任何妄图投机取巧的人都会遭到失败。

正所谓知易行难，在日常生活中，由于人性的弱点，很多人做事并不能坚持这样的原则，做事急于求成，心态急躁，往往欲速则不达，甚至蒙受巨大的损失。做事眼高手低，不愿意从细小、琐碎的事情做起，会导致人沉湎于幻想，拖延行动，最终一事无成。正如明代诗人钱福所做《明日歌》描述的那样："明日复明日，明日何其多。我生待明日，万事成蹉跎。"同样的意思，在梁启超笔

经世致用　知行合一

131

下简化为"无负今日",他在给北京师范大学的毕业生题词中以这句话希望同学们能够珍惜时光,及时作为。毛泽东主席在《满江红·和郭沫若同志》中有"一万年太久,只争朝夕"的名句,和此前的名句有着共同的旨趣,核心就是面对正确的理想追求,要抓住当下,从细微处出发勇敢作为。

生于忧患而死于安乐〔1〕也。

——战国·孟轲《孟子·告子下》

注释

〔1〕安乐：安逸快乐。

译文

忧愁患难足以使人生存，安逸享乐足以使人死亡。

解析

在推论出"生于忧患死于安乐"的论点之前，孟子列举了舜、傅说、胶鬲、管仲、孙叔敖等人的例子，阐明了"天将降大任于是人也，必先苦其心志，劳其筋骨，饿其体肤，空乏其身，行拂乱其所为"的道理，强调逆境对于一个政治家的养成具有至关重要的作用。在中国传统理念中，"家国同构"是一个很重要的基本观念。根据"家国同构"的理念，从一人、一家的得失可以推导出整个国家的兴衰，人处于困境才能奋发，国无忧患则往往会遭灭亡。因此，"生于忧患而死于安乐也"既是对个人而言的一个具有普遍意义的人生哲理，同时也是治国理政的一条颠扑不破的真理。

中国自古就有根深蒂固的忧患意识。《周易·系辞下》称："作《易》者，其有忧患乎？"说的是周文王被拘禁在羑里而演绎周易的事情。孔子将忧患意识从个人提高至国家和社会的高度，称"君子忧道不忧贫"。在"梁惠王下"中，孟子还进一步明确："乐民之乐者，民亦乐其乐；忧民之忧者，民亦忧其忧。"身为君王只有乐于

经世致用　知行合一

做民众喜爱的事情，与民分忧，才能得到民众的支持。

忧患意识，落实在行动上，核心就是早做准备，突出主观能动性。《中庸》中说"凡事预则立，不预则废"。到了唐代，名臣魏徵在劝谏唐太宗时提出"备豫不虞，为国常道"，指出治理国家，必须要对可能发生的事情有所准备、提前准备，而不能被动的应对。当代中国，无论是面对洪涝等地质灾害，还是面对国际国内形势的风云变化，始终强调"宁可备而不用，不可用时无备"，强调"能战方能止战""以斗争求团结则团结存，以退让求团结则团结亡"的辩证关系。

权〔1〕，然后知轻重；度〔2〕，然后知长短。

——战国·孟轲《孟子·梁惠王上》

注释

〔1〕权：秤，测定重量的器具。

〔2〕度：计算长短的器具或单位。

译文

秤一秤，才知道事物的轻重；量一量，才晓得事物的长短。

解析

本句出自孟子和齐宣王的一段对话。在对话中，孟子向齐宣王阐述了用道德的力量来统一天下的"王道"，并指出齐宣王的问题在于没有认清自己的"不能"与"不为"。至于"不能"与"不为"的区别，孟子举了两个例子来说明，"挟太山以超北海"是做不到的，属于不能；而"为长者折枝"是可以办到的，如果不愿意去做，就是不为。所以，孟子提出："权，然后知轻重；度，然后知长短。物皆然，心为甚。"他希望齐宣王能好好反省自己的所作所为，究竟是"不能"还是"不为"，也就是说要分清楚是能力不足而不能，还是主观上没有主动性而不为。

这句话用来劝谏齐宣王，固然有劝其反省的意思，但作为一句名言还包含着"实践出真知"的哲理。苏轼在《石钟山记》中说："事不目见耳闻而臆断其有无，可乎？"任何事情，只有亲身实践，才能有更清楚的认知。毛泽东多次说过类似的话，他说，"没有调查就没有发言权","你要知道梨子的滋味,你就得变革梨子,亲口吃一吃","你要知道革命的理论和方法,你就得参加革命。"改革开放初期,围绕真理标准的大讨论,强调"实践是检验真理的唯一标准",其实讲的都是同样道理。

不自强〔1〕而成功者，天下未之有也。

——汉·刘安《淮南子·修务训》

注释

〔1〕自强：自己努力图强。

译文

不经历一番奋发图强而能取得成功，这样的人全天下都找不到。

解析

我们的先民从天地运行的法则中体悟到人生的真谛，提出了"天人合一"的哲学主张。在《周易》中有一句著名的话："天行健，君子以自强不息"，宇宙不停运转，人也应该如此，不断地前进。自强不息，成为中华民族千百年来生生不息的精神源泉。在这一精神的浸润下，中国人勤劳、进取，创造了灿烂的文明，屹立于世界民族之林。

所谓自强，尤其就是重视日积月累，重视通过量变走向质变的过程，强调坚持不懈的奋斗和努力。《诗经·敬之》有一句："日就月将，学有缉熙于光明。"只有在日常生活中每天都能有所收获，日积月累，不断地学习、进步，才能达到无比光明的境界。《荀子》说："君子敬其在己者，而不慕其在天者，是以日进也。"君子看重自身的努力，而不幻想上天的恩赐，因此每天都能进步。只有依靠自己的努力而不是上天的恩赐，这样的进步与成功才有意义。在民

经世致用　知行合一

间俗语中，有"爹有娘有，不如自己有"的说法，核心也是强调凡事靠自己最可靠，自己有独当一面、当家做主的能力是成功与进步的关键所在。

独立自主、自力更生，也是中国共产党带领中国人民不断取得胜利的法宝，在中国共产党第十九届六中全会上通过了《中共中央关于党的百年奋斗重大成就和历史经验的决议》，明确提出：坚持独立自主，是中国共产党百年奋斗的历史经验之一。

圣人不贵尺之璧〔1〕而重寸之阴，时难得而易失也。

——汉·刘安《淮南子·原道训》

注释

〔1〕璧：美玉。

译文

圣人不重视直径成尺的璧玉，却重视一寸的光阴，因为时间不易获得，却容易失去。

解析

《千字文》是南北朝时期编写的识字课本，在上千年的历史当中曾长期是中国古人的启蒙读物，影响深远，其中这句话被简化为"尺璧非宝、寸阴是竞"，读起来更加朗朗上口。

中国人历来珍惜光阴，俗语说"一寸光阴一寸金，寸金难买寸光阴"。古代先贤们在感慨时光易逝的时候，往往会反思自己是否珍惜时光，在有限的时间里成就了一番事业。孔子看到奔流不息的河水，说"逝者如斯夫，不舍昼夜"。感慨时光的流逝，就像这流水一样，奔腾不息，不舍昼夜，一去不回。汉乐府《长歌行》把流水、光阴和人生进一步联系在一起，说："百川东到海，何时复西归？少壮不努力，老大徒伤悲。"匆匆而去的时光，绝不为任何人而有少许的停留，少壮时期如果不珍惜光阴，成就一番事业，等到岁月迟暮，追悔莫及，只能是"徒伤悲"了。

陶渊明说过："盛年不重来，一日难再晨。及时当勉励，岁月不待人。"正是因为时光一逝难再回，所以就显得愈发珍贵。在《钢铁是怎样炼成的》里，保尔·柯察金说："一个人的生命是应该这样度过的：当他回首往事的时候，不因虚度年华而悔恨，也不因碌碌无为而羞耻。"古今中外，对于光阴的珍惜，道理都是一样的。

第三篇

知 行

对知与行的研究，贯穿人类文明史册。探索求知的乐趣，诠释求知的规律，总结求知的智慧，进而探讨知与行之间的关系，强调践行与实践的重要性，是许多中国古代典籍的共同主题。

好之者不如乐之者，乐在其中是最好的状态，也是知与行的共同追求。中华文化一脉相承，正是得益于一代又一代人孜孜不倦的学习与实践。对知行关系的讨论中，凝聚着积极而健朗的独特东方智慧。

一个人朝着知行合一的方向努力，就如同向阳草木般昂扬进取。

非知之艰，行之惟[1]艰。

——《尚书·说命中》

注释

〔1〕惟：语气助词。

译文

不是弄懂道理很难，而是行动起来很难。

解析

知易行难，是古人在思考认知与事件关系时的一个重要论断。明白一个道理，是很容易的；要把这个道理付诸实践，就很难了，而实践往往又是验证道理的唯一途径。《尚书·说命》记载的是商王武丁与贤相傅说之间的对话。武丁对傅说说："乃不良于言，予罔闻于行。"认为如果傅说不善于进言，没有提供好的建议的话，那么他就不能听到并付诸实施了。于是，傅说用了"非知之艰，行之惟艰"进一步勉励商王武丁要"勉力于行"。

《尚书》是儒家传统经典，在《尚书》的基础上，法家思想代表人物韩非子还提出"非知之难也，处之则难也"（《韩非子·说难》）。他认为，懂得道理不难，行动起来也不难，难就难在如何明智地处理问题。因此，知与行的结合，并不是简单的理论与实践相结合，而是要正确地运用理论，付诸行动，这样才能取得成效，获取真知。

经世致用　知行合一

143

为学日益〔1〕，为道日损〔2〕。

——《道德经·第四十八章》

注释

〔1〕益：字义是器皿中有水漫出，此处为增加的意思。

〔2〕损：减少。

译文

求学是个日益增多的过程，修道是个日益减少的过程。

解析

老子是道家思想的代表人物，他的道家思想对中国影响极大。根据司马迁在《史记》中的记载，老子看到周王朝日渐衰落，于是西去，来到函谷关的时候，关令尹喜曰："子将隐矣，彊为我著书"。在尹喜的要求下，老子在函谷关写下了传诸后世的《道德经》。《道德经》篇幅只有短短五千字，但却以其丰富内涵和深邃的哲思，对中国文化产生了巨大的影响。

学问，是人类在长期的生产和生活实践中，形成的系统知识。人类的知识是日积月累的，追求学问，是对于外部的客观事物做探索，不断地追求新知识，新知识日益增多，正所谓学海无涯，所以说"为学日益"。

道是老子最重视的概念，道并非一成不变，也在不断地变化之中。修道，是求取对于道的体会，道是不可说、不可名的，所以对于道的体会需要努力提高精神世界的修养，不断摒弃私欲，所以说

"为道日损"。学与道之间是密切相关的一组关系，求学问道，既有知识积累，也有融会贯通。

业精于勤，荒于嬉〔1〕；行成于思，毁于随〔2〕。

——唐·韩愈《进学解》

注释

〔1〕嬉：戏乐，游玩。

〔2〕随：因循随俗。

译文

学业由于勤奋而专精，由于玩乐而荒废；德行由于独立思考而有所成就，由于因循随俗而败坏。

解析

这句话强调勤奋和思考的重要性。《进学解》阐述治学方法，主张培养德才兼备的人才，采用师生对话的方式，劝告学生勤奋读书，结合思考，德行双修。

苏轼在《潮州韩文公庙碑》中称赞韩愈"文起八代之衰，而道济天下之溺；忠犯人主之怒，而勇夺三军之帅"，是对韩愈一生的精准概括，也是极高的评价。韩愈，唐代中期的文学家、哲学家、思想家，他的诗歌风格为"以诗为文"，在散文领域贡献尤其突出，他是唐代古文运动的倡导者，在"唐宋八大家"中排名首位。韩愈倡导的古文运动，是一场对儒家精神进行重新建构的文化运动。古文运动，即倡导"以文载道"，批评当时文坛流行的骈文文体，反对过度追求辞藻绮丽、格式严格对仗。在文章形式上，要求废除骈文，恢复秦汉古文。但韩愈等人的古文运动革新并未成功，中晚唐时代，骈文仍然占据主导地位。唐代文体的革新变异，不仅仅是文学运动，也与唐代政治因素、儒道内涵更新以及佛教的兴盛有关。

韩愈曾担任四门博士、国子监祭酒等太学里的重要职务，对教育问题有许多精辟的论述，从《师说》中"师者，所以传道、受业、解惑也"等著名论述，到《进学解》中对学生的谆谆教诲，都有深远影响。

君子以多识前言往行，以畜〔1〕其德。

——《易经》

注释

〔1〕畜：培养、培植。

译文

君子通过学习前人的嘉言懿行，来加强自身的品德修养。

解析

中国是一个注重修史的国家，从编年体的《左传》、国别体的《国语》，到第一部纪传体通史《史记》，到国家目前正在组织专家编写的《清史》，中国浩如烟海的史书完整记录了夏商周以来的文明史，这在世界文明中是极其罕见的。

中国为什么如此注重修史？一方面是统治者希望总结前朝的经验教训，另一方面也是为了记载前人的嘉言懿行，为后人提供模范。历史活动的主体是人，中国的史书总是大量记载人物的言行和他们的历史影响，后人能从这些历史人物身上学习领悟做人做事的道理，得到有益的启发，正如孔子所说的"见贤思齐"，后人在史书中读到前辈人物的嘉言懿行，就会自觉向他们虚心学习，加强自身的品德修养，以期达到完美的境界。

历代政治家往往都是特别重视历史的，唐太宗李世民在魏徵去世之后，曾说"以铜为鉴，可以正衣冠；以古为鉴，可以知兴替；以人为鉴，可以明得失"，其中蕴含的道理和《易经》中的这句是相通的。毛泽东尤其喜爱阅读史书，根据他身边的工作人员回忆，他的一套二十四史反复阅读、对比阅读，经常翻看不辍，并且在书中留下了大量的批语。他最喜欢的内容就是其中的人物传记，不仅对许多内容烂熟于心，而且会妙用在国家政治生活当中。

子曰："君子欲讷〔1〕于言而敏〔2〕于行。"

——《论语·里仁》

注释

〔1〕讷：《说文解字》中说"讷，难言也"，意为言语迟钝。

〔2〕敏：快速、灵活。

译文

孔子说："君子言语要迟钝，行动要敏捷。"

解析

孔子对于伶牙俐齿的人一向不喜欢，他曾说："恶利口之覆邦家者。"他认为，伶牙俐齿、夸夸其谈的人，有倾覆国家的危险。孔子有个弟子叫宰予，伶牙俐齿，喜欢跟他人辩论，他曾就守孝的问题跟孔子争论，宰予认为守孝三年会导致社会上很多事业荒废，可以改为守孝一年，孔子认为他不是君子。宰予还有些懒惰，曾经一次白天睡觉，与孔子的要求背道而驰，因此孔子斥之为朽木不可雕也。

君子是孔子心目中的理想人格，孔子提出的君子在言行上的标准是"讷于言而敏于行"，其实就是不尚空谈，勇于实践，这也是中华民族的基本精神风貌。周恩来总理有句名言"坐着谈，何如起来行"，习近平总书记多次强调"空谈误国、实干兴邦"。

正是凭着不屈不挠的实干精神，中华民族方能屹立于世界民族之林，创造辉煌灿烂的物质文明和精神文明，虽然中华民族近代一度落后于世界，但中华民族的精神是顽强不屈的，依靠无数仁人志士的努力，勇于担当，奋发有为，中华民族正在实现伟大复兴。

子曰："知之者不如好之者；好之者不如乐〔1〕之者。"

—— 《论语·雍也》

注释

〔1〕乐：感到快乐、享受。

译文

孔子说："懂得学习的人不如喜爱学习的人，喜爱学习的人不如以学习为乐的人。"

解析

孔子是我国著名的教育家，他之所以能成为教育家，与他始终热爱学习是分不开的，孔子从小就培养起对学习的浓厚兴趣，终身不懈怠，他提出的"知之者不如好之者，好之者不如乐之者"，是基于他真切的学习体验，具有重要的指导意义。知之、好之、乐之，是人投入学习的三种境界，第一层境界是"知道"，是在理智上懂得如何学习，知道学习是人的天然使命；第二层境界是"喜欢"，在感性上已经培养出对于学习的爱好和兴趣；第三层境界是"乐趣"，以学习为生命的乐趣，完全沉浸其中，甚至达到废寝忘食的地步。

学无止境，活到老、学到老，学习就是一种自如的生命状态。相比之下，"书山有路勤为径，学海无涯苦作舟"，虽然鼓励勤奋学习，但它视学习为一种特别艰苦的事情，境界就等而下之了。《论语·雍也》还记载了孔子对冉求的一番教诲，冉求说我喜欢老师所讲的道，但是我能力不够。孔子则接着说，能力不够，说的是走到中途无法坚持，而你现在思想上畏难，还没出发就画地为牢，自封不前。这番话中，蕴含着孔子对积极求学，积极践行的鼓励。

子曰："不愤〔1〕不启〔2〕，不悱〔3〕不发〔4〕，举一隅〔5〕不以三隅反，则不复也。"

——《论语·述而》

注释

〔1〕愤：郁结于心、憋闷。

〔2〕启：开导、启发。

〔3〕悱：想说而说不出。

〔4〕发：引起、启发。

〔5〕隅：角落。

译文

孔子说："教育学生，不到他想求明白而不得的时候，不去开导他；不到他想说出来而表达不出的时候，不去启发他。举出一个方向而他不能推断出其他三个方向，就不再教他了。"

解析

孔子一生从事教育工作长达三十余年，带出的学生有三千人，其中有贤能之士七十二人。孔子因其教育功业和人格典范，被尊为"万世师表"。

孔子的教育思想内涵丰富，影响深远，其中的一大亮点就是启发式教学。"不愤不启，不悱不发"，强调学生在学习知识的时候，不能被动地等待老师满堂灌输，要充分开动脑筋，遇到难题的时候，学生经过努力思考依旧不得要领，这时候老师再给予启发和点拨，学生就能透彻掌握新知识。孔子在他的日常教学中，认真执行这一教学理念，运用讨论、问答的教学方式，收到了极好的教学效果。

　　需要指出的是，一段时间盛行的"填鸭式"教学，虽然有助于学生快速掌握大量正确知识，效果极高，但不利于培养学生的创造性思维能力。许多学生甚至为了在各种升学考试中胜出，大量刷题，延长学习时间，提高学习强度，学生变成考试机器，这种过于功利的做法，损害了学生的身心健康，不利于培养学生的创造性思维。

子曰："三人行，必有我师焉。择其善者而从〔1〕之，其不善者而改之。"

——《论语·述而》

注释

〔1〕从：跟随。

译文

孔子说："几个人一起走路，其中一定会有可以为我所取法的人。我选取那些优点去学习，看到缺点就改正自己。"

解析

孔子在德行修养上之所以能日益精进，就在于他常以旁人为师法的对象，肯定别人有值得自己学习的长处，努力向他人学习；同时以别人的缺点错误作为自己的镜子，尽力改正自身的缺陷。孔子还说过："见贤思齐焉，见不贤而内自省也。"见到贤人就要向他看齐，见到不贤的人就要自己反省有没有类似的问题，体现着一种自省和自觉。

其实，孔子与他的学生朝夕相处，感情深厚。孔子身边可供师法的对象无疑就包括了他的学生。孔子对于自己的学生的长处曾有过总结，他认为德行优秀的是颜回、闵子骞、冉伯牛、仲弓，言语出众的是宰予、子贡，善理政事的是冉有、子路，擅长文学的是子游、子张。对于不同学生身上的优点，想必孔子是会取法的。而对于学生的缺点，他也心知肚明，如宰予白天睡懒觉，冉有帮助鲁国权臣季氏横征暴敛，这些都为孔子所不喜，更是为孔子引为鉴戒。作为教师，在师生之间也存在"教学相长"。《礼记》中说"学然后知不足，教然后知困"，在教与学的互动当中，师生都能够互相促进，这也是人与人之间互相砥砺促进的一种形态。虚心向一切值得学习的人求教，是快速成长进步的必要途径。

问渠〔1〕那得清如许，为有源头活水来。

——宋·朱熹《观书有感》

注释

〔1〕渠：《说文解字》中说"渠，水所居"，有水的地方。

译文

试问池塘里的水为何这么清澈？是因为源头一直为他输送活水。

解析

朱熹是宋代大儒，在这首诗里，用生动的身边形象来讲述读书的道理。一个不大的池塘，平滑如镜，天光云影映衬其间，舒服而惬意的美景是怎么来的？因为水流清澈，而水流清澈的原因是因为有源头活水。这与"流水不腐、户枢不蠹"的意思相近，核心是强调读书学习，需要不断汲取新的营养，保持新陈代谢和对新知的求问。

生命要保持活力，同样需要不停地从外界吸收养分。保持开放的心态，持续学习进取，活到老学到老，不断更新知识结构，才能跟上时代的步伐。固步自封是极为不可取的人生态度，僵化保守的心态，会导致人生如同一潭死水，毫无活力，最终被时代淘汰。现代社会的发展速度极其迅猛，知识爆炸，日新月异，在快节奏的现代社会，个体生命保持积极进取的态度，来自于源头活水的滋养，才能使生命之花永远灿烂开放。

吾尝终日而思矣，不如须臾之所学也；吾尝跂〔1〕而望〔2〕矣，不如登高之博见也。

——荀子《劝学》

译文

我曾经整天苦苦思索，却不如片刻学习学到的知识多；我曾经踮起脚远望，却不如登到高处看得广阔。

解析

荀子的《劝学》是一篇脍炙人口的好文章，精辟地论述了学习的重要性。荀子在《劝学》中指出：整日苦苦思索，不如片刻学习学到的知识多，这与孔子提出的"思而不学则怠"是一致的，人类经过数千年文明史，积累了海量的知识，这是无数先辈的智慧和血汗凝结而成的宝贵文明遗产，值得我们永久珍视。所以，人类物质和精神的再生产，都有赖于前人积累的知识海洋，汲取他人智慧的结晶是快速得以提升的正确而高效的方式。

正如伟大的科学家牛顿指出的："如果说我看得比别人更远一些，那是因为我站在巨人的肩膀上。"即使像牛顿这样的天才级人物，也不是凭空产生的，他对人类文明的贡献都是建立在前人的基础上。但是，现代社会里，我们还会看到试图制造永动机的人，这种人就是典型的缺乏科学常识，无视人类文明史而只懂得一味蛮干，必然遭致失败。

　　人类社会的进步，因为有一代又一代人的接续努力。孟浩然在诗中说："人事有代谢，往来成古今。江山留胜迹，我辈复登临"。人们总是希望"百尺竿头更进一步"，当代中国重视传好"历史的接力棒"，一棒接着一棒跑，正是强调一代代人的接续努力，方能实现民族复兴的伟业。

古人学问无遗力，少壮功夫老始成。纸上得来终觉浅，绝〔1〕知此事要躬行。

——宋·陆游《冬夜读书示子聿》

〔1〕绝：本意是把丝裁断，此处意为"一定，肯定"。

译文

古人学习知识不遗余力，年轻时下了苦功夫，老年才取得成功。从书本上间接获得的知识是浅薄的，要亲身去实践，才能深刻领会知识。

解析

宋诗与唐诗相比，正如钱钟书先生所说："唐诗以风神情韵擅长，宋诗以筋骨思理见胜。"陆游的这首诗，就是宋诗风格的代表作，充满了理趣。

陆游的这首诗，是陆游传授给儿子的读书心得：第一，读书学习不是一件容易的事情，要拼尽全力，不可偷懒懈怠，正所谓"日拱一卒，功不唐捐"，古人从少年苦读到老年，耗费大半生的精力，学业方能有所成就。第二，书本上的知识是前人经验的总结，凝结着他们的智慧，但是，仅仅学习书本知识是远远不够的，要真正弄通书中的知识，就要走出书斋，在实际生活中体味书中的道理，才能将书本知识内化为自身透彻的认识，这正是"实践出真知"。

经世致用　知行合一

陆游的这首诗极为睿智地总结出他读书的经验，寄托了他对孩子的舐犊之情，值得我们认真吟咏体味。

一语不能践〔1〕，万卷徒空虚。

——明·林鸿《饮酒》

注释

〔1〕践：《说文解字》中说，"践，履也"，意为履行、实行。

译文

连一句话都不能践行，读书破万卷也是徒劳无用。

解析

林鸿是明朝初年的福建诗人，洪武初年任将乐县儒学训导，随后升任膳部员外郎，后自请免职回乡。他在壮年之际毅然回乡，想必其中有一条很重要的原因，就是看不惯当时的官场风气。自隋朝科举制度建立以来，文官向来是由熟读儒家经典的儒生担任的，但是，很多儒生虽然熟悉儒家治国理念，却不能在实际行动中真正贯彻执行。林鸿对类似空谈者非常不满，借饮酒赋诗的机会一浇胸中块垒。

这首《饮酒》就是讥讽儒生空谈误国的，所谓"一语不能践，万卷徒空虚"就是强调行动的重要性，读书人如果一味沉湎于幻想当中，不能以争分夺秒的精神投入到行动中去，于国于家都是有害的。一些学不精深的腐儒常常空谈大论，而缺少行动的能力。明朝覆灭后，有识之士反思明朝覆灭的教训，讽刺儒生"无事袖手谈心性，临危一死报君王"，直截了当地指出儒生的要害：平时只知道空谈性理，不知道脚踏实地为国家建设作出积极贡献，到了国家危

经世致用　知行合一

难之际，只能舍身报国，听起来很壮烈，但作为国家培养的文化精英，全无救国之计，不能担负起救国救民的责任，这不是儒家所倡导的正确方式。

不涉〔1〕太行险，谁知斯〔2〕路难。

——晋·欧阳建《临终诗》

注释

〔1〕涉：蹚水过河，此处意思是"经历"。

〔2〕斯：《尔雅·释诂》中说"斯，此也"，意为"这、这个"。

译文

没有跋涉险峻的太行山，谁能知道路途的艰难。

解析

欧阳建，西晋人，哲学家，著有《言尽意论》，他曾任山阳县令、尚书郎等职务，他在世时司马伦把持朝政，专权误国。欧阳建劝淮南王司马允诛杀司马伦，事情败露之后，欧阳建被杀，临刑前作了绝笔《临终诗》。人们常说，人之将死，其言也善，司马建生在乱世之中，他以亲身经历诉说着当时仕宦生涯的险恶与危机四伏。他在《临终诗》中，既写了对乱世命运浮沉的感慨，又写了因自己而给家人带来灾祸的深深哀痛之情，通篇情感丰沛。

欧阳建所作"不涉太行险，谁知斯路难"，字面意思是说，没有跋涉险峻的太行山，谁能知道路途的艰难。这句诗表达了他对世道艰辛的感慨，同时蕴含着诗人的哲学思考：实践才能出真知，实践是认识的源泉。陆游在《书巢记》中认为，"天下之事，闻者不如见者知之为详，见者不如居者知之为尽。"民间也常说"书到用时方恨少，事非经过不知难"，这些言论，共同表明了中华民族的

先贤对于实践的重视，只有亲身经历之后才能对知识、理论有切身
的体会。

知与行，工夫须著并到。知之愈明，则行之愈笃〔1〕；行之愈笃，则知之益明。二者皆不可偏废。如人两足，相先后行，便会渐渐行得到。

——宋·朱熹《朱子语类》

注释

〔1〕笃：本意是形容马走得慢，此处意思是"专一、忠实、坚定"。

译文

认知与行动，都要下足工夫。认知越明晰，行动就越坚定；行动越坚定，认知就越明晰。两者都不能偏废。这就像人的两只脚一前一后地走，就会渐渐达到目的地。

解析

关于认知和行动的关系，先秦时代的观点是知易行难，认知比较容易，行动起来就很艰难，也就是行动比认知更为重要。但是，宋代的朱熹提出的观点是两者同等重要，它们是互相促进的关系，认知和行动会相互促进、相互激发，认知的功夫能促进行动的功夫，行动的功夫也能促进认知的功夫。认知和行动两者双线并进，两者不可偏废，任何一方有所欠缺，都会妨碍人的自我修养的提升，这对于知行关系是一种深化。

朱熹出生在福建，是南宋时著名的理学家，他在程颐、程颢兄弟之后，因此他们的学说也被称为程朱理学。后世尊称朱熹为朱子，因为他对儒家哲学有重大的贡献。他是孔子之后少见的著名教育家，重建了白鹿洞书院、岳麓书院，这两个书院位列四大书院，足见朱熹的办学成绩。他所编撰的《四书集注》，千百年间被当做是必读教材，明清时期是科举考试的内容。朱熹的许多思想有其先进性，如他在《论语集注》中写道："一心可以兴邦，一心可以丧邦，只在公私之间尔。"强调一颗公心待民的思想。在《孟子集注》中，他肯定孟子的民本思想，写道："国以民为本，社稷亦为民而立，而君之尊，又系于二者之存亡，故其轻重如此。"

寻章摘句老雕虫〔1〕，晓月当帘挂玉弓。不见年年辽海〔2〕上，文章何处哭秋风？

——唐·李贺《南园十三首》（其六）

注释

〔1〕雕虫：比喻作辞赋时的雕章琢句。

〔2〕辽海：辽河流域及到海边一带，因多次发生战争，常借指战场。

译文

从书上挑选现成的句子，堆砌成文，我就在这雕虫小技上孤独终老。天将破晓，弯弯的月亮映上帘幕，像天上挂着的玉弓，我还在孜孜不倦地读书作文。东北边境年年发生战争，文人悲秋的诗文有何用？

解析

李贺是一个胸怀大志的诗人，他的诗歌名噪一时，后世将其和比他早的李白、比他晚的李商隐合称为"三李"。天不假年，李贺人生只有短短的 27 年，却留下许多名篇佳作。他写的《南园十三首》（其五）："男儿何不带吴钩，收取关山五十州？请君暂上凌烟阁，若个书生万户侯。"李贺在诗中表达了希望驰骋沙场的愿望，他不甘心做一个只会写诗作文的书生。李贺才华卓绝，本应该参加进士考试博取一官半职，但是现实非常残酷，因为李贺的父亲叫李晋肃，"进"与"晋"同音，古人讲究避讳，李贺就连参加"进士"

考试都会遭到非议，以致终身未能参加进士考试，这真是时代的悲剧。

李贺生活的时代，藩镇割据势力是国家面临的一大难题。唐宪宗多次派兵讨伐，徒劳无功。由于战乱频繁，国家重用武将，轻视文人，李贺内心非常郁结悲愤，感慨自己读书作文的才华完全没有用武之地，这正如清代诗人黄仲则哭诉："十有九人堪白眼，百无一用是书生。"

中国历史上有许多读书人和李贺一样，有着报效国家、建功立业的共同追求，有着深厚的爱国情怀，爱国主义是他们共同的光辉底色。他们为文、为学都有着强烈的现实关怀，不满足于文章本身，而是希望积极参与现实、付出行动。

行之明觉精察〔1〕处，便是知；知之真切笃〔2〕实处，便是行。

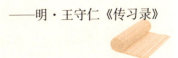

——明·王守仁《传习录》

注释

〔1〕精察：精明、细察。

〔2〕笃：此处意为忠实、不虚伪。

译文

行动是自觉清醒的，这就是认知；认知是真实不虚的，这就是行动。

解析

人的实践活动，是以人为主体，以世界上任何事物为对象的现实活动，人的实践活动具有自主性和创造性，需要发挥大脑的认知功能，因此，人的实践就包含着学习、请教、思考诸多因素，实践就是一个认知不断深入的过程，当然，有的人做事情懵懵懂懂，随性而行，那就说不上是实践就是认知了。

人的认知活动，是人认识外界事物的过程，人对外界事物的正确认知，离不开自觉的观察和缜密的思考，因此，人类真实不虚的认知就是实践，当然，有的人只知道天马行空地幻想，没有任何实际行动，那就谈不上认知就是实践。

这句是王阳明对知、行关系的精准概述，是对北宋朱熹等人强调知先行后关系的一种进步。王阳明出身名门，父亲身居高位，他自己也年少有为、在学问上精进日新，遗憾的是考科举却不顺利，第三次考试才中进士。他后来的人生充满了坎坷与挑战，先是被贬到偏远的贵州，后来在江西平定地方叛乱，属于在道德文章与事功上均有卓越建树的人。王阳明被后来的许多人所推崇，尤其他的"知行合一"学说对后来者影响甚大。清代能臣曾国藩、民主革命先驱孙中山等人都对他评价甚高。蒋介石也是他的信奉者，败退台湾之后将台北市郊的草山更名为阳明山。王阳明的学说传到日本等地，有许多人成为王阳明的追随者。近代著名教育家陶行知原名陶文濬，他起先对王阳明的知行合一十分赞赏，给自己改名陶知行，从知行后来又改名行知，则是受到美国教育家杜威推崇实践的影响。他把王阳明的"知者行之始，行者知之成"调整了一下顺序，改成"行是知之始，知是行之成"，于是把行放在了前面，后来就用陶行知作为自己的名字。

不以规矩〔1〕，不能成方圆。

——战国·孟轲《孟子·离娄上》

注释

注释

〔1〕规矩：圆规和曲尺，即画圆画方的工具。

译文

如果不用圆规和曲尺，就不能准确地画出方形和圆形。

解析

孟子政治思想的核心，是"仁政"，至于"仁政"如何落实，《孟子·离娄上》给出了答案，其中很重要的一点就是要"法先王"，效法古代圣明君王的言行、制度。在文章的开篇，孟子列举了一些例子来强调法度的重要性。他说，就算是离娄这样视力绝佳、能明察秋毫的人或是鲁班那样的能工巧匠，如果不给他们圆规和曲尺，也画不出方形和圆形。同样的道理，就算是尧舜这样的圣人，他们在治理国家的时候如果没有实行"仁政"，也不可能把国家治理得好。那么，究竟应该如何行"仁政"呢？孟子提出要"行先王之道"。孟子引用《诗经·假乐》中的"不愆不忘，率由旧章"来强调遵循先王之法的重要性。他说："（圣人）既竭心思焉，继之以不忍人之政，而仁覆天下矣。"一个君王，如果在治理国家时竭尽心力，又能同时推行仁政，那么他的仁德便能遍及天下。

随着时代的发展，"不以规矩，不能成方圆"逐渐演变成中华民族为人处世的一个重要的准则，并以成语的形式，成为人们日常

经世致用　知行合一

生活中的常用词汇。作为成语，"不以规矩，不能成方圆"强调的是对于法则、制度、纪律等的敬畏。自古以来，中国有很多守规矩、成大事的例子，只有严明的纪律才能让一个国家、一个组织焕发出强大的生命力。

兰生幽宫，不为莫服〔1〕而不芳；舟在江海，不为莫乘而不浮；君子行义，不为莫知而止休。

——汉·刘安《淮南子·原道训》

注释

〔1〕服：佩戴。

译文

兰草在幽深的山谷中生长，不因为没有人佩戴而不再芬芳；大船在江海中航行，不因为没人乘坐而停止漂浮；君子施行仁德，不因为没人了解而有所停止。

解析

中国传统伦理中的君子形象，是诸多美德的集大成者。因此，古人常用香草、美玉等美好的事物与君子类比。在《论语·泰伯》中曾子有一句话："士不可以不弘毅，任重而道远。仁以为己任，不亦重乎？死而后已，不亦远乎？"君子要把施行仁德作为自己的使命，为了完成这个使命，君子要"死而后已"。然而，当自己美好的品德、远大的志向不被人了解，甚至于被人误解时，君子又该如何呢？是放弃理想，独善其身；还是坚持理想，以身殉道；《淮南子》给出了自己的答案：坚持理想，勇毅而行。

"士为知己者死"，然而真正能被当时所理解的人在中国历史上少之又少。在先秦的文人中，屈原是一个典型的失意者形象。当他被放逐时，屈原在作品中高呼"国无人莫我知兮，又何怀乎故都!""既莫足与为美政兮，吾将从彭咸之所居!"他选择了退步，怀抱"美政"的理想，以身殉道。在《文子·上德》中，也有一句"君子行道，不为莫知而止"，强调君子"死而后已"的精神，也可以看作是《淮南子》这句话的思想源泉。

这句话实际上也是在强调一种行动的觉悟，君子应该为了追求信仰而不断前行、不断行动，不因为人不知而无所作为。这与老子所讲的"上士闻道，勤而行之"内在是一致的，都是在强调行动的主动性。

上士闻道，勤〔1〕而行之；中士闻道，若存若亡；下士闻道，大笑〔2〕之。不笑不足以为道。

——《老子·第四十一章》

注释

〔1〕勤：尽心尽力地做。

〔2〕笑：嘲笑。

译文

贤士听了"道"，努力去实行它；中等的人听了"道"，将信将疑；浅俗的人听了"道"，哈哈大笑。不被嘲笑，就不足以称为"道"。

解析

真理与真知，自古以来就是许多志士仁人终其一生的追求目标，为此甚至不惜牺牲生命。孔子说："朝闻道，夕死可矣。"道，虽然有儒家、道家之分，但都是人们对自然规律、社会发展的理性认识，是生活的真谛和宇宙中的真理。只有通晓这个"道"，我们才能更好地认识世界，掌握自然规律，为我们的生产生活服务。

然而，在老子看来，"道"是一个很深奥的、难以捉摸的存在，以至于有些人听了不易体会，一笑了之。正因为在面对这个"道"时不同的人有不一样的反应，才更能体现"道"的价值。老子对于"闻道"的细分，为后世人们确立目标，更好地践行道义提供了方案。在生活当中，可能我们大多数人都是"中士"，对于真理与真知将信将疑。又或者我们中有一些人是"下士",对真理与真知嗤之以鼻。但是,我们应当始终把成为"上士"作为追求,给自己确定一个方向,坚持不懈地走下去,实现目标便指日可待。如老子所言,要想成为"上士",必须抓住"勤行"二字,铭记于心、践行一生,方可成功。

　　20世纪初,俄国十月革命的一声炮响给中国送来了马克思列宁主义,一大批先进分子在革命理论的指导下起而行之,通过百年努力彻底改变了中国的面貌。毛泽东一直非常重视革命的理论建设,他说:"指导一个伟大的革命运动的政党,如果没有革命理论,没有历史知识,没有对于实际运动的深刻的了解,要取得胜利是不可能的。"

知人者智，自知者明〔1〕。

——《老子·第三十三章》

注释

〔1〕明：明察、高明。

译文

了解别人，是有智慧的；了解自己，才称得上高明。

解析

老子的思想，是一种对立统一的辩证思想。"知人"和"自知"在这里算是个人修养的两个方面，在老子看来，了解别人固然重要，但只有对自身有清楚的认知才能坚定自己的信念，克服自身的不足，实现自我的价值。

汉高祖刘邦在战胜项羽，夺取天下后，自我总结说："夫运筹策帷帐之中，决胜于千里之外，吾不如子房；镇国家，抚百姓，给馈饷，不绝粮道，吾不如萧何；连百万之军，战必胜，攻必取，吾不如韩信。此三者，皆人杰也，吾能用之，此吾所以取天下也。"能充分地了解他人，用人不疑，这刘邦"知人"的智慧；能认识到自己的优势在于得人，刘邦也称得上是有"自知之明"的人。后人对刘邦评价时，常常说他"知人善任"，能够了解不同人的优长，并且善于团结和任用。

隋唐时期，李密与大儒王通有一段对话，李密问"英雄"，王通说："自知者英，自胜者雄。"又问"勇"，王通说："必也义乎！"

李密又向王通请教"王霸之略"，王通说："不以天下易一民之命。"王通在李密走后对身边的贾琼说：此人将来会祸乱天下，幸灾而念祸，爱强而好胜的人，神明不会支持他。后来，李密果然叛唐被杀。

君子之言寡而实，小人之言多而虚。君子之学也，入于耳，藏于心，行之以身；君子之治〔1〕也，始于不足见，终于不可及也。

——汉·刘向《说苑》卷第十六《谈丛》

注释

〔1〕治：管理、经营。

译文

君子的话很少，但句句真实；小人的话很多，但句句虚假。君子做学问，耳听见了，就记在心里，身体力行；君子做事情，开始的时候很微小，最后达到极高的程度。

解析

中国人历来厌恶那些花言巧语、虚伪的人。孔子说："巧言令色，鲜矣仁。"（《论语·学而》），认为那些通过花言巧语取悦于人的人，是不会有太多"仁德"的。反之，中国历来都欣赏那些踏实肯干，对待工作认真负责的人。孔子说："君子食无求饱，居无求安，敏于事而慎于言，就有道而正焉，可谓好学也已。"（《论语·学而》）又说："君子欲讷于言而敏于行。"（《论语·里仁》）那些言语上谨慎，甚至是有些迟钝，工作中却勤奋敏捷的人，是应该被赞赏的好学的人，是有"仁德"的人。从孔子的观点出发，刘向又通过君子与小人的直接对比，进一步归纳了君子在做学问和做事情两个方面身体力行、积跬步而至千里的良好品质。

　　勤奋好学、脚踏实地的中国人，不仅谱写出数千年辉煌的历史，也创造了光辉灿烂的中华文化。正如鲁迅先生所说："我们自古以来，就有埋头苦干的人，有拼命硬干的人，有为民请命的人，有舍身求法的人，……这就是中国的脊梁。"

虽有天下易生之物也，一日暴〔1〕之，十日寒之，未有能生者也。

——战国·孟轲《孟子·告子上》

注释

〔1〕暴：晒。

译文

即便是天下最容易生长的植物，如果晒它一天，冷它十天，它也不可能生长。

解析

孟子是一个非常善于用比喻的方式来阐明道理的哲学家。为了更加形象地说明"一曝十寒"的道理，孟子举了个"弈秋"的例子，从正反两方面论证了专心致志、持之以恒对学习与成长的重要性。弈秋是位下棋的圣手，如果让两个人跟他学习，一个人一心一意地听从弈秋的教导；另一个虽然也听弈秋的教导，心里却不以为然，学习上三心二意。这样学下去，那个三心二意的人成绩肯定不如一心一意的人。不能说他不如前一个人聪明，也不能说弈秋的教育有偏心，关键在于他自己没有持之以恒地学习。

《诗经》里说："靡不有初，鲜克有终。"开始的时候总是好的，但很少有人能坚持到最后。如果我们不能保持初心，凡事都是轰轰烈烈地开始，最后又是草草收场，等待自己的往往是失败。因此，荀子说："锲而舍之，朽木不折；锲而不舍，金石可镂。"只要坚持不懈地努力，再难的事情也能成功。奥地利诗人里尔克有句名言："哪有什么胜利可言，挺住就意味着一切。"坚持不懈的行动至关重要，锲而不舍、持之以恒是人类社会普遍的价值追求，这也就是我们常说的"坚持就是胜利"。

庄子说"其作始也简，其将毕也必巨"，许多伟大的事业开始时总是细微简单，但其发展壮大之后，将会变得规模巨大。在这个过程中，坚持不懈的奋斗和实践最为重要。

粗缯〔1〕大布裹生涯，腹有诗书气自华〔2〕。

——宋·苏轼《和董传留别》

注释

〔1〕缯：丝织品的总称。

〔2〕华：有光彩。

译文

即使粗布加身，饱读诗书的人自有光彩焕发的气质。

解析

今天我们所了解的苏轼（1037—1101），是著名的文学家、书法家、画家，也是公元10世纪北宋政治舞台上的主要人物之一。作为文学家，他领豪放派之翘楚，写出了"大江东去"的阔达健朗，写出了"老夫聊发少年狂"的当仁不让。作为书法家，他位居北宋"苏黄米蔡"四大家之首。作为画家，他是文人画撇不开的重要宗师。苏轼的一生，始终是豁达而乐观的，他多次被贬的经历以及在人生逆旅中创作出的传世名篇，至今已传唱了近千年。

苏轼的伟大不用赘述，但是这首"粗缯大布裹生涯，腹有诗书气自华"，却有所不同，这首诗是苏轼年轻时所作，写作这首诗时苏轼不过27岁。他于1061年通过制科考试，到当时大宋的西北边陲担任大理评事、签书凤翔府判官。在这里他遇到了这首诗的另外一位主人公，同样是年轻人的董传。从诗中不难看出，董传的日子过得不富裕，甚至是穷困潦倒，但是他饱读诗书，气质卓然，因此

经世致用　知行合一

苏轼发出了"腹有诗书气自华"的感慨，并积极鼓励他参加科举考试。

这首诗的题目中有一个"和"字，诗词相和是文人之间友谊的重要展示，董传与苏轼、王安石等同时代的人都有诗词上的交游往来。苏轼对董传的这番祝福，不是偶然的。中国古代读书人，十分重视"穷则独善其身，达则兼济天下"的传统，人生失意时诗书相伴，志向不改，追求梦想的脚步不停。苏轼对董传热情的鼓励，因为他们都是同道中人，读书求知是毕生相伴、不可荒废的事。饱读诗书对一个人的气质有着重要的影响，能够让人充满自信，提升人的精神世界和认知水平，这也是读书的一大用处。

欲穷〔1〕千里目，更上一层楼。

——唐·王之涣《登鹳雀楼》

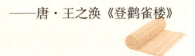

注释

〔1〕穷：穷尽、完结。

译文

想要看到更远处的美景，应登上更高的一层楼。

解析

鹳雀楼在今天山西省永济市，因为常有鹳雀在这里停留而得名。黄河是山西和陕西两省的界河，在不远处一路向南奔腾而过。因此，在这里登楼望远、遥想黄河入海的景色，是一大胜景。

分布在中国地域内的鹳主要是东方白鹳，它在中国传统文化中是一种具有吉祥寓意的幸福鸟，象征着忠贞的爱情。作为一种涉禽，它喜欢在湿地栖息觅食，又喜欢在高处筑巢。黄河边上的湿地是它们钟爱的栖息地，高高耸立的鹳雀楼自然也就成了它们经常落脚的地方。鹳在中国一度分布甚广，随着环境变化和社会发展一度濒危，近年来在多方保护之下，种群逐渐恢复。在王之涣生活的时代，鹳是常见鸟类，也是许多古诗词中的常客。

王之涣的一生是幸运的，他生于武则天时期，家里曾经是当地的望族。虽然到他这里已经不复往日的辉煌，但在青壮年时期，赶上了中国历史上著名的开元盛世，因此他留下来许多气势豪迈的诗篇，包括质量非常高的边塞诗《凉州词》等。这句"欲穷千里目，更上一层楼"，既是登楼远望的实景描写，又因其具哲思隽永千百年来流传不息。在学习求索过程中，更上层楼、站得更高方能看到更广阔世界。今天，鹳雀楼已经在原址复建，不远处的黄河依旧流淌不息。如果我们有机会登楼远望，更能体会诗人当年的畅阔怀想。

博学而不穷[1]，笃行而不倦[2]。

——《礼记·儒行》

注释

〔1〕穷：穷尽、尽头。

〔2〕倦：懈怠。

译文

广泛学习，没有止境；努力实践，从不懈怠。

解析

求知与践行，始终是一组相对照的观念。儒家传统思想认为，无论是学还是行，都需要广泛地摄取和勤奋地实践，两者相辅相成、缺一不可。无论是儒家创始人孔子，还是后世诸多文人士大夫，在他们身上都能够清晰地看到对学、行同样的重视。

日复一日的学习与实践，贵在持之以恒。在这方面有很多经典的案例，比如清代中兴名臣曾国藩，他自己常说以勤补拙，无论是在繁忙的工作之余还是琐碎的日常生活，甚至是在带兵打仗的紧张时刻，他始终坚持每日读书，从不中断。在读书方面，毛泽东主席同样是永不懈怠、勤奋求学的典型代表。晚年毛泽东仍然坚持以书为伴，勤奋阅读。甚至在人生的最后阶段，毛泽东因患白内障动手术，仍坚持邀请工作人员为他读《鲁迅全集》中的经典。毛泽东爱好阅读，勤于求知的优良习惯一直坚持到生命的最后一天。

　　学、行并重的思想，在当代仍有诸多体现，如启功先生为北京师范大学拟定的校训广受赞誉，内容是"学为人师、行为世范"，将学与行、师与范融合在一起，是对青年学子的殷切希望。

不闻〔1〕不若闻之，闻之不若见之，见之不若知之，知之不若行〔2〕之。

——《荀子·儒效》

注释

〔1〕闻：听见。
〔2〕行：实际地做。

译文

没听说不如听说，听说不如亲眼见到，见到不如了解，了解不如实践。

解析

荀子对儒学的解释有鲜明的实践特质，儒效一篇主要讲述儒者的作用。这段论述，讲清楚了人们对外界认识从浅入深的层次，从听说到亲见再到了解最后到实践，是一个逐步递进的过程，也是修身齐家，成为"圣人"的一个必要的过程。

在荀子千年之后，南宋大诗人陆游，在70多岁的晚年，写过一首《冬夜读书示子聿》，其中有名句"纸上得来终觉浅，绝知此事要躬行"和这段经典旨趣相同。此诗是陆游写给自己的小儿子陆聿的，当时陆聿21岁，正值少壮年华，而陆游已经走到了人生的晚年。这位大诗人纵横一生，能文能武。他本人同样是一个勤奋读书、勤奋践行、勤奋创作的代表，留下的《剑南诗稿》有诗歌9000多首。作为一位奉行儒家治国平天下人生理想的儒者，他

经世致用 知行合一

将毕生的探索实践，转化为经典的诗句，既通达荀子所说的儒者境
界，又融汇时代的经验，因此别具品格，为后世称赞。

博闻强识而让〔1〕，敦善行而不怠〔2〕，谓之君子。

——《礼记·曲礼》

注释

〔1〕让：礼让。

〔2〕怠：懈怠。

译文

能博闻强识又能谦逊礼让的，勤于行善又不懈怠的人，才是君子。

解析

《礼记》记录的是两千多年前士大夫的礼仪规范，这些规范往往体现在一个个细节当中，因此看似琐碎，却蕴含着深厚的文化寓意。在谈到君子的标准时，《礼记》中强调博闻强记而谦让，勤于善行而不懈，这些特质相辅相成共同组成一个很高的标准，只有做到了这些才能够成为君子。

博闻强记是学习的一种境界，达到这种境界同样离不开勤奋的阅读与练习。有一则轶事流传甚广，宋代文学家苏轼被贬黄州时期，已经人到中年，仍然坚持抄写《汉书》，要知道这可是一部总计 70 多万字的大部头，苏轼自己曾说自己坚持抄了三遍，虽然用的是简要的抄写法，每一段以三两个字代替，但想象一下就是一项很大的工程。将卷帙繁多的汉书一页页地翻看一遍已经耗时费工，更不用说精读加简要抄写，更加费时费工。

　　和苏轼类似，中国历史上勤奋读书、抄书的例子不胜枚举，"闻鸡起舞""凿壁偷光""头悬梁、锥刺股"等故事，共同讲述着勤学、敦行并重的世间真理。

君子战虽有陈[1]，而勇为本焉；丧虽有礼，而哀[2]为本焉；士虽有学，而行为本焉。

——《墨子·修身》

│注释│

〔1〕陈：通"阵"，指两军交战时的队形。

〔2〕哀：哀思、悼念。

│译文│

君子打仗有阵法，但勇敢是战斗的根本；人死后有丧葬礼法，哀思是其根本；士大夫求学，实践是其根本。

│解析│

墨子是诸子百家中墨家的代表人物，在百家争鸣的时代，墨家是重要的一派。他提出了"兼爱""非攻""节葬""节用"等一系列重要思想，在先秦时期常常将儒、墨并称，足见墨家思想在当时的影响力，对后世也有深远的影响。墨子的科学思想在中国广为人知，他曾最早记录了小孔成像的原理。墨子作为著名的平民学派代表，他的思想创见广受推重，毛泽东曾说墨子是中国的赫拉克利特，季羡林在评价墨子时说他是平民圣人。2016年，世界上首颗空间量子科学实验卫星由中国自主研制并发射升空，其命名正是"墨子号"。

关于修身的问题，有著名的"墨子泣丝"故事。一次墨子看到别人给丝染色，同样的原丝，加上不同的染料后成为多彩的丝，染

经世致用 知行合一

料一变，丝绸的颜色就变了，这让他联想到所处环境对人的重要影响。除了选择良善的环境，墨子在谈到修身问题的时候，重点强调学问的根本在于行动、在于实践，墨子本人就是这方面的典范。墨子祖上曾是贵族，到他这里家道中落。他不讲究衣着打扮、锦衣玉食，而是重视实践，青年时开始就在中国各地大范围地游学，遍访名师、切磋交流。在丰富阅历的基础上，墨子提出了墨家思想。墨子对学、行关系的论述，体现出早期中国思想界对行的高度重视。

操千曲而后晓声〔1〕，观千剑而后识〔2〕器。

——南朝·刘勰《文心雕龙·知音》

注释

〔1〕声：音乐。

〔2〕识：知道、辨别。

译文

弹过上千首曲子，然后才能通晓音乐，看过上千把宝剑，然后才能掌握如何识别剑器。

解析

长期的实践、丰富的经验是成就一番事业的基础，无论是学习音乐，还是成为懂兵器的好手都是如此。写出这段经典论述的刘勰，因为《文心雕龙》一书而被人熟知。这本书距今1500多年，是我国历史上第一部系统的文学理论专著。刘勰讲述音乐、剑器熟能生巧的例子，是为了说明文学批评的门道，少不了要多读多识。

关于这本书撰写的起因，刘勰曾讲过一段故事，他7岁的时候做梦，看到天上的彩云如同锦绣，自己上天去摘云朵。到了30岁的时候，又做了一个印象深刻的梦。刘勰梦见自己手持红色的礼器，跟着孔子一路向南行走。奇妙的梦境让他感叹，圣人竟然给我托梦，这让刘勰充满了使命感。他以满腔的热情关注文学的创作、批评问题，从而写出了传世名著。

《文心雕龙》这部书在中国文学体系中具有重要的位置，事实上这本书之所以有名，被后世称赞"体大而虑周"，主要还是得益于作者刘勰有着丰富的文学实践。刘勰的一生虽然不长只有 55 年，但他多年为官，颇有文采。刘勰家中贫困没有婚娶，所以 30 多岁开始在上定林寺定居，潜心撰写《文心雕龙》。这本书篇幅并不长，只有 37000 多字，但内涵十分丰富，历代关于它的著述可以说蔚为大观，近代以来经过刘师培、黄侃等人的研究、授课，加上众多学者的不断研究，形成了显赫的"龙学"。

无财之谓贫〔1〕，学而不能行之谓病〔2〕。

——汉·刘向《新序·节士》

注释

〔1〕贫：《说文解字》中说"贫，贫，财分少也"，穷。

〔2〕病：本意指重病。

译文

一个人没有财产，称之为穷，一个人学习而不能实践，称之为病。

解析

这则经典与一段著名的故事息息相关，刘向是西汉时期的宗室大臣，也是著名的文学家，他在《新序》里辑录了很多类似的名人故事。

故事的主人公原宪，是孔门七十二贤之一，作为孔子弟子他很早就拜入孔子门下。孔子去世之后，原宪在卫国居住。当时他的住所是个环境很差的破房子，墙也破，院子里草也高，加上茅草屋顶不挡雨，下雨屋里就漏。就是在这么个差劲的环境里，他粗茶淡饭，清苦坚守，每天弹琴吟唱乐在其中。有一天，子贡听说他的事儿，豪车肥马，穿着华丽特意前来造访。原宪出来见子贡的时候，戴着桑叶帽，挂着藜木杖，帽子上的带子一绑就断，上衣一拉就露出胳膊肘，一提鞋子脚后跟都出来了。即使在这窘迫情况下，当子贡问他是不是得了什么病时，原宪起身回答说，我听说没有钱财叫

做穷，学习而不实践才叫病，我没有病，只不过是穷而已。原宪的
这句话是有所指的，他所讽刺的就是学而不行的一类人。

安贫乐道、崇尚力行的原宪，一方面在后代诗歌作品中，成为
原宪乐贫的典故不断被应用；另一方面，他也因其安贫乐道的品质
被后人不断纪念，直到今天在老家河南商丘还盖有祠堂。

慎〔1〕尔言，将有和〔2〕之；慎尔行，将有随〔3〕之。

——《列子·说符》

注释

〔1〕慎：小心、谨慎。

〔2〕和：应声、跟着唱。

〔3〕随：跟着、跟从。

译文

说话要注意，因为有人回应；行为要谨慎，因为有人会追随。

解析

列子是战国时期道家思想的代表人物，他承前启后，在老子的思想基础上有所发挥，庄子比他更晚一些，因此在道家一派思想中有重要的地位。后来，庄子在《逍遥游》一篇中，记载列子的事迹，其中提到列子可以"御风而行，泠然善也"。列子御风而行，有点仙风道骨的意思，这种颇具想象力的行动成为他在中国人心中最广为流传的形象。这句话从言行的后果角度，指出谨言慎行的重要性。由于言行可能导致的影响与他人的反应，因此列子提醒人们要对言行慎之又慎。

《列子》书中记载了不少著名的寓言故事，其中就包括最有名的愚公移山，愚公不仅仅有移开两座大山的豪言壮语，更有坚持不懈、子子孙孙持续不停的搬山行动，最终感动了天神，或者不如说惊动了天神，将太行与王屋两座大山挪开了位置。1945 年在党的七大闭幕式上，毛泽东曾讲述愚公移山的故事，用来解释中国人民搬走帝国主义、封建主义两座大山的决心和必胜的将来。

善学者尽〔1〕其理，善行者究〔2〕其难。

——《荀子·大略篇》

〔1〕尽：达到尽头。

〔2〕究：研究、探求。

译文

善于学习的人能够弄清楚其中的道理，善于实践的人能够探究明白其中的疑难之处。

解析

荀子在年过半百之后到齐国讲学，后来又到楚国，有多年的教学与人才培养的经验，著名的李斯、韩非等人都曾跟随他学习。荀子对学习和实践有许多精辟的论述，作为思想家、教育家，他非常清楚学习与实践的规律，因此对其中的关键之处、难点要点看得很透彻。俗语常说"外行看热闹，内行看门道"，内行与"善学、善行"者有相似的意思。

这句话对科学家来说尤其重要，习近平总书记曾在中国科学院第二十次院士大会、中国工程院第十五次院士大会、中国科协第十次全国代表大会的讲话中引述这句话，他指出："'善学者尽其理，善行者究其难。'广大院士要勇攀科学高峰，敢为人先，追求卓越，努力探索科学前沿，发现和解决新的科学问题，提出新的概念、理论、方法，开辟新的领域和方向，形成新的前沿学派。"在当代中国建设科技强国、教育强国的道路上，人才毫无疑问是其中的关键所在，科学家是人才中最重要的组成部分之一，因此习近平总书记的讲话对科学家提出了非常高的期望。

学：行之，上也；言之，次也；教〔1〕人，又其次也；咸〔2〕无焉，为众人。

——汉·扬雄《法言·学行》

注释

〔1〕教：指导、教育。

〔2〕咸：全部。

译文

学问之道，最上是努力实践，其次是讨论言说，再次是说教他人，如果以上都没有，那就是泯然众人了。

解析

扬雄是西汉时期的辞赋家，也是中国历史上富有影响力的思想家之一。韩愈对扬雄非常推崇，而到了宋代，著名学者孙复将孟子、扬雄、韩愈并列，说没有他们我们就会成为夷狄，由此可见扬雄在思想史上的重要地位。

扬雄是个长寿的人，他活了 71 岁，这在当时可以说是少见的。他出生于四川成都地区，所处的时代是西汉从盛转衰的时期。从他的人生来看，经历了较多的波折。扬雄自幼好学，热爱读书，在当时许多人热衷功名的时候，他专心研读经典，潜心修习文学创作，这种淡然的品格，让扬雄取得颇高的文学成就。一般在提到西汉辞赋时，往往将扬雄与司马相如并列，视为西汉文学高峰的代表，巧合的是两人都来自蜀地。

在思想上，扬雄在两千多年前就有一定的唯物色彩，他反对方士巫术、求仙长生等时人热衷的思想。在学习思想方面，他尤其重视后天的学习，重视在实践中验证。在《法言·学行》这篇中，他还大声疾呼：人如果不学习，虽然也可以无忧无虑，但和禽兽有何区别呢？

学之广在于不倦〔1〕，不倦在于固〔2〕志。

——东晋·葛洪《抱朴子》

注释

〔1〕倦：懈怠。

〔2〕固：坚定、牢固。

译文

实现学问的广博，在于不懈怠，不懈怠的原因在于有牢固的志向。

解析

葛洪是东晋时期著名的道教理论家，他自号抱朴子，在当时他炼丹造药，具有很大的影响力，被称为是小仙翁。葛洪在这里强调学习不能懈怠，应该立志为先，可见其对学习规律的把握。

葛洪在道教中因为炼丹法术而闻名，他写的《抱朴子》中，记录了许多炼丹方面的内容，对于研究中国古代化学的发展也具有科学意义。除此之外，他还是个名医，有许多医学著述，其中就包括了如何治天花的记录，这在世界医学史上是关于天花治疗最早的文献记载。《抱朴子》是道教的重要文献，这本书有内、外部分，内篇20卷，主要内容是神仙方药和医学领域的养生等内容；外篇50卷，则主要讲述的是社会性的内容。在思想史上，这本书的意义还在于葛洪尝试把道教理论与儒家的思想联系起来，这对后世道教的发展产生了深远的影响。

经世致用 知行合一

求学的效果从根本上来说，离不开远大的志向引领。毛泽东少年以诗明志，写下"孩儿立志出乡关，学不成名誓不还。埋骨何须桑梓地，人生无处不青山"。周恩来则有"大江歌罢掉头东，邃密群科济世穷。面壁十年图破壁，难酬蹈海亦英雄"。这两首诗都有男儿少年当立下远大而牢固的志向，并为之矢志不渝奋斗的含义。

责任编辑：洪　琼

版式设计：顾杰珍

图书在版编目（CIP）数据

经世致用　知行合一／康震 主编，向铁生等 编著 . —北京：人民出版社，
　2022.5

（典亮世界丛书）

ISBN 978－7－01－024148－7

I. ①经… 　Ⅱ. ①康… ②向… 　Ⅲ. ①中华文化－通俗读物 　Ⅳ. ① K203-49

中国版本图书馆 CIP 数据核字（2021）第 256901 号

经世致用　知行合一

JINGSHIZHIYONG ZHIXINGHEYI

康　震 主编　向铁生　徐　波　张　华　周云磊 编著

人民出版社 出版发行

（100706　北京市东城区隆福寺街 99 号）

北京中科印刷有限公司印刷　新华书店经销

2022 年 5 月第 1 版　2022 年 5 月北京第 1 次印刷

开本：710 毫米 ×1000 毫米 1/16　印张：13.5

字数：200 千字

ISBN 978－7－01－024148－7　定价：66.00 元

邮购地址 100706　北京市东城区隆福寺街 99 号

人民东方图书销售中心　电话（010）65250042　65289539